EILEAN FRAOICH

Lewis Gaelic Songs and Melodies

EILEAN FRAOICH

Lewis Gaelic Songs and Melodies

COMUNN GAIDHEALACH LEODHAIS

Second revised edition published in Scotland in 1982
by Acair Limited, Unit 8A, 7 James Street, Stornoway,
Isle of Lewis, Scotland.

First published 1938 by Comunn Gàidhealach
Leódhais.

ISBN 0 86152 052 1

Artwork by Eileen Campbell
Chuidich an Comunn Leabhraichean am foillsichear le
cosgaisean an leabhair seo.

Tàing cuideachd do Chomunn na Gàidhlig an
Lunnainn agus Comunn na Gaidhealtachd agus nan
Eilean an Lunnainn airson cuideachadh le cosgaisean
an leabhair.

Printed by John G. Eccles Printers Ltd, Inverness

Dedicated to the memory of Nandag

ROIMH-RADH

Tha còrr is dà fhichead bliadhna bho'n chuir Comunn Gàidhealach Leódhais a mach a' cheud *Eilean Fraoich*, cruinneachadh de dh'òrain Leódhasach, agus cha b'fhada sheas na bh'anns a' cheud chlò-bhualadh sin ris an iarraidh a bh'air an leabhar. B'ann an 1938 a nochd e, agus roimh dheireadh a' chogaidh chan fhaighte leth-bhreac de'n leabhar ri cheannach air òr no airgiod. Dh'fhàg sin an òigridh a bha 'g éirigh suas an deidh a' chogaidh agus bho'n àm sin, a' chuid mhór dhiubh co-dhiù, gun aithne 'sam bith air *Eilean Fraoich*, mur cual' iad, 's dòcha, an t-ainm aige. Bha Comunn Gàidhealach Leódhais mothachail air seo, agus ged a bha cùisean cho teann as deidh a' chogaidh 's nach robh e 'nan comas an rùn a chur an gnìomh airson iomadach bliadhna, bha iad a' sìor chur romhpa *Eilean Fraoich* a chlò-bhualadh ás ùr an uair a dheidheadh aca air sin a dhèanamh.

Nuair a thàinig an t-àm gus an clò-bhualadh ùr seo a chur air adhairt, mheasadh gum bu chòir a' cheud chruinneachadh òran a leasachadh 's a leudachadh, agus 'se sin a dh'fhiach an luchd-deasachaidh ri dhèanamh anns an leabhar ùr a tha seo.

As leth Comunn Gàidhealach Leódhais tha sinn a' toirt taing dha na h-uile duine a chuidich sinn leis an obair, agus gu dearbh bha a h-uile duine air na chuir sinn làmh — 's cha b'e sin am beag — glé inntinneach air cuideachadh a thoirt dhuinn. As aonais a' chuideachaidh sin cha robh an leabhar a chaoidh air a thighinn chun na h-ìre seo.

Tha mìneachadh nas mionaidiche air cur-ri-chéile agus cumadh an leabhair air a thoirt anns an Roimh-radh a leanas, anns a' Bheurla. A thaobh 's gur è òrain le ceòl prìomh chuspair an leabhair, tha sinn a' meas gu bheil e iomchuidh am mìneachadh seo a thoirt seachad anns a' Bheurla, oir tha dòchas againn gum bi iarraidh air an leabhar air taobh a muigh crìochan na Gàidhlig — 's tha fhios nach eil duine dhinn fhìn nach tuig a' Bheurla co-dhiù.

An luchd-deasachaidh

FOREWORD

When the original edition of *Eilean Fraoich*, a collection of Lewis songs, appeared in 1938, it was received with such interest and enthusiasm that in a very short time it was completely sold out, with a considerable demand still unmet. War-time and post-war stringencies precluded any possibility of a reprint for many years, and when, eventually, Comunn Gaidhealach Leódhais considered it feasible to look into the matter again, they decided that it would be desirable to have the original collection revised, and extended to include some of the wealth of song material that had come into the popular repertoire over the years since the first collection was published. These aspirations, broadly, dictated the terms of the remit given to the committee of four (the undersigned) appointed to undertake the work. A nucleus of Lewis songs in the initial stages of being prepared by the late Miss Annie MacLeod (Nandag) in consultation with Mrs Janet MacLeod, Stornoway, and Miss Annie MacKenzie, Point, for inclusion in some future publication, had been given to Comunn Gaidhealach Leódhais. These songs were handed over to the committee, and they have now been prepared and included in the additional section of this edition.

Aware that so many, especially of the younger generation have possibly never heard of, and almost certainly never seen, the original *Eilean Fraoich*, we have had some of the introductory material re-printed here in order, hopefully, to convey a little of the flavour of that edition, and the excitement associated with it, as well as the background information appropriate to it. The sectional arrangement and classification of songs in the original edition is also unchanged, although the contents of each section have been revised. The two main features of the revision are the addition, where possible, of a biographical note, however brief, on the author, and the inclusion of Staff notation along with the Sol-fa, for all the songs. We hope that these will add interest to, and widen the appeal of the new publication.

The additional section includes a number of resurrected old songs, and a number of songs of today, some published here for the first time, as well as many Lewis songs, old and new, that have become popular over the years since the publication of the original *Eilean Fraoich*.

We were delighted, early in our work on the project, to get a group of their own songs from four living authors, and the additional section begins with those four groups of songs. It is a matter of great regret to us that this publication comes too late for two of those authors to see their songs in print in this collection: they are Angus MacLeod, Carloway, and Kenneth MacLeod, Bayble. (See pp. 131 & 141)

Although we were aware, when we undertook this project, that it would take some considerable time to complete, we could not have foreseen the many protracted delays and setbacks that were to come our way over the years, and we regret that it has taken us so long to complete the work. Now that our efforts are nearing fruition, we can only hope that the result will prove acceptable to lovers of Gaelic song in Lewis and beyond, and that this revised and extended edition of *Eilean Fraoich* may kindle (or re-awaken as the case may be) appreciation of the original edition, and may thus help to perpetuate the memory of those progressive enthusiasts who made such a credible contribution to our island heritage all those years ago, without the advantage of many of the facilities which we enjoy today.

We are deeply grateful to all those who helped us in their various ways: the Session of Martin's Memorial Church for granting us facilities for our meetings during the course of our work on the project; those who gave us songs, their own or others, for the collection; those who taped songs to enable us to note the airs; those who supplied biographical information on the authors, and, in some cases, background information on the songs, and those who gave much valued help with typing and photocopying. They have all been thanked privately, of course, but we would like to acknowledge their help publicly here, for without that help we could not have got the work to this stage. The spectre of the cost of the new publication has made it a matter of conscience for us not to add any more songs to this collection, but we can say, with some pride and confidence, that, where we left off, there is still a rich harvest of Lewis songs waiting to be gleaned.

Duncan M Morison
Jessie A MacKenzie
Jane MacLeod
Mary M MacLeod

PREFACE

One of the aims of Comunn Gàidhealach Leódhais is the collection of local traditions and songs. It was in furtherance of this worthy object that a select committee set about gathering in every part of the Island of Lewis unpublished songs and melodies. Fragments of songs were dug up in most unlikely places and snatches of airs fell from unsuspected lips. The work of garnering went on over a long period of years, and now the fruits of that search are presented in this volume to the Gaelic public.

It is the earnest hope of those who collaborated in this labour of love that this first important publication of Lewis folk songs, which form a part of a rich harvest, will bring both pleasure to numerous singers and listeners, both at home and in distant lands. For here they will find treasured a record of a life in the passing, and crystallized memories of the customs and beliefs of long ago, together with glimpses of modern movements and thought.

It is said that nothing portrays the character of a people better than its folk songs. These Lewis songs and melodies which our people have sung for ages through joy and sorrow will, we feel sure, be readily recognised by Lewis folk all over the world as their very own, for in them they have echoes of those things that moved and interested the hearts and minds of their ancestors, and which still make such strong appeal to kindred minds.

The book is arranged in four sections. Section I. consists of published songs and airs, while Section II. is composed of unpublished major songs and airs. In Sections III. and IV. — Orain Luaith and Puirt-a-Beul — are included several pieces which, though not claimed to be Lewis products, their origin being difficult to trace, deserve a place here because they have through long usage become part of our legacy.

Special acknowledgement is due to Annie Macleod, who collected a great number of the songs and melodies, and to Myra Maciver, who noted and arranged practically all the airs. Valuable help was also rendered by Mary Macdonald, Matilda Macdonald, John Maciver, Donald Macleod, Donald Macinnes and Sydney Smart.

JAMES THOMSON.
DUNCAN MACDONALD.

Reprint from original edition

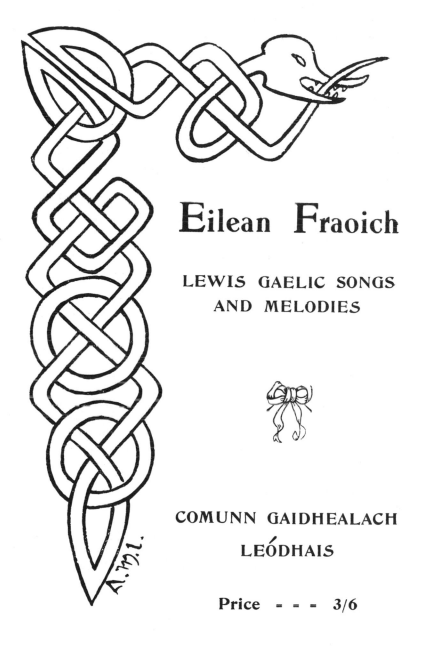

Eilean Fraoich

LEWIS GAELIC SONGS
AND MELODIES

COMUNN GAIDHEALACH

LEÓDHAIS

Price - - - 3/6

Reprint of title page from original edition

CLAR-INNSIDH

Earrainn IV — Puirt-a-Beul

Moch Di-luain ghabh i 'n cuan

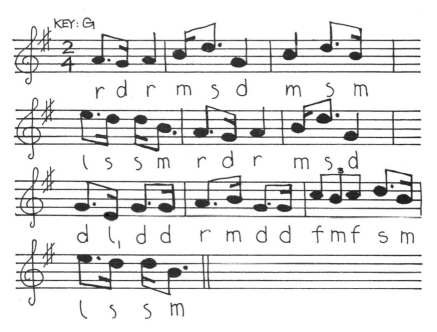

Sēisd   Moch Di-luain ghabh i 'n cuan,
Iùbhrach a' ghluasaid ealaimh;
Moch Di-luain ghabh i 'n cuan.

Moch Di-luain an déidh Di-dòmhnaich
Sheòl i a Steòrnabhagh a' chaisteil.
Moch, etc.

Gillean gasda air a bòrd,
G' a cumail dòighcil anns a' chala
Moch, etc.

Sgioba làidir, dhàicheil sheòlta
Thogail a cuid seòl ri crannaibh.
Moch, etc.

Rachadh i cho glan an òrdugh
Ri mnaoi òig a' dol gu banais.
Moch, etc.

Nuair a chuartaich sinn an Tiompan,
'S i bha sunndach, 's muir 'na meallan.
Moch, etc

1

Seòladh seachad Eilean Dhiarmaid,
Gaoth o 'n iar oirnn's clacha-meallain.
Moch, etc.

Thug sinn sàbhailt i do 'n Oban
Ged bu dóruinneach an latha.
Moch, etc.

Iorram na h-imrich chuain

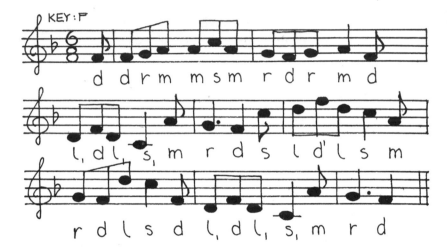

Chaidh sinne gu tràigh,
A choimhideachd chàich,
Cha till iad gu bràth
An taobh so.
Long iaruinn fo'm bonn,
A' sadradh nan tonn,
Tha feadhainn am fonn,
'S cuid tùirseach.

Clann bheaga ri gàir';
Am màthair fo phràmh;
Fir mhóra an sàs
'S iad ciùrrta.
Fras-shileadh nan deur
Gu tosdach, ach geur,
A' sealltainn 'nan déidh,
Le cùram.

2

Tha sinne fo phràmh
Bho sheòl iad thar sàil,
Gu'n cluinn sinn mar ràinig
An dùthaich.
'S a bheil iad gu tàmh,
Gu deireadh an là,
Is Dia nan Gràs gu robh
Dlùth orr'.

Words by Rev Donald Macrae, Lewis (1837-1914)

Eilean an Fhraoich

A chiall nach mise bha 'n Eilean an Fhraoich,
Nam fiadh, nam bradan, nam feadan 's nan naosg,
Nan lochan, nan òban, nan òsan 's nan caol,
Eilean innis nam bó. 's àite-còmhnuidh nan laoch.

Tha Leódhas beag riabhach 'bha riamh 's an taobh Tuath
Muir tràghaidh is lìonaidh 'ga iathadh mu'n cuairt;
Nuair dheàrrsas a' ghrian air le riaghladh o shuas,
Bheir i fàs air gach sìol airson biadh do'n an t-sluagh.

An t-eilean ro-mhaiseach, gur pailt ann am biadh;
'S e 'n t-eilean as àillt' air 'n do dheàlraich a' ghrian;
'S e eilean mo ghràidh e, bha Ghàidhlig ann riamh,
'S chan fhalbh i gu bràth gus an tràigh an Cuan Siar.

'N àm éirigh na gréin' air a shléibhtibh bidh ceò,
Bidh bhanarach ghuanach, 's a' bhuarach 'na dòrn,
Ri gabhail a duanaig 's i cuallach nam bó,
'S mac-talla nan creag ri toirt freagairt d'a ceòl.

Chan fhacas air thalamh leam sealladh as bòidhch'
Na ghrian a' dol sìos air taobh Siar Eilean Leódhais,
'N crodh-laoigh anns an luachair, 's am buachaill 'n an tòir,
'G an tional gu àirigh le àl de laoigh òg'.

Na'm faighinn mo dhùrachd 'se lùiginn bhith òg,
'S gun ghnothach aig aois rium fhad 's dh'fhaodainn bhith beò,
'N am bhuachaill air àirigh, fo shàil nam beann mór,
Far am faighinn a' chàis, 's bainne blàth airson òl.

By Murdo Macleod (Murchadh a' Cheisdeir) Leurbost, 1837-1914. A collection of his poems and hymns was published in "Bàrdachd Mhurchaidh a' Cheisdeir", 1965.

Tìr nam Beann Ard'

Togaibh fonn air an fhonn a bha calm agus cruaidh,
Am fonn that gach fonn feadh an t-saoghail thug buaidh;
'S do dhùthaich nam beann anns gach cruadal is càs,
Air cuan no air tìr bidh sinn dìleas gu bàs.
Tìr nam Beann Ard.

Air dhòmhsa bhi sgìth anns na h-Innseachan céin,
Is m' fheòil air a pianadh le dian theas na gréin',
Gur tric ann am inntinn thig muinntir mo chrìdh'
Is Tìr nam Beann Ard' anns na dh'àraicheadh mi.
Tìr nam Beann Ard'.

5

Ged shiùbhlainn an saoghal feadh aonach is fonn
Ged sheòlainn gach àite feadh bhàrcaich nan tonn,
Ged thriallainn gach gleann agus beann tha fo'n ghréin,
'Si 'n tìr a rinn m' àrach as àillidh leam féin.
Tír nam Beann Ard.

Mar sin cuiribh fàilt, cuiribh fàilt' air gach aon
De 'n t-sluagh do'm bu dual a bhi cruaidh agus caoin,
'Sa chaoidh bidh sinn caomh agus coibhneil ri chéil'
Mar dhream nach robh riamh do na naimhdean fo ghéill.
Tìr nam Beann Ard'.

*By John Macgregor (of Sandwick origin). Rose to the rank of Lieutenant
— Colonel in Indian Medical Service. His poems were published in
"Luinneagan Luaineach", 1897.*

Och nan och, tha mi fo mhulad
(Smuaintean an eilthirich)

Och nan och, tha mi fo mhulad,
Dhòmhsa tha mo chòmhradh duilich;
'S cruaidh an càs, ach 's fheudar fhulang,
Nach fhaod mi fuireach ann ad chòir.

Tha mi nis an so glé chianail,
Falt mo chinn gach là a' liathadh,
'Se bhi cuimhneach Leódhais riabhaich
A tha 'gam leagail sìos le bròn.

'S ioma maduinn bhòidheach Shamhraidh
Bha mi ruith nan cnoc 's nan gleanntan,
'S beag a shaoil mi anns an àm sin
A thig'nn an nall an so ri m' bheò

Cuimhneachadh nam beanntan rìomhach,
Far is moich' a dh'éireadh grian orr'
'Sioma maduinn 's oidhche bhriagha
A bha mi annta 'riaghladh bhó.

Ach théid mis air ais do Leódhas,
Eilean còmhnard, seasgair bòidheach,
Fanaidh mi gu crìoch mo lò ann
'S gheibh mi sòlas ann ri m' bheò.

By Mary Maciver (Màiri Mhurchaidh Thormoid) Valtos, Uig. Born in Pabbay, referred to locally as Bliadhnach Phabaidh, as she was but one year old when the last remaining families were cleared from the island. Mary later emigrated to America where persistent homesickness (the theme of the above song) and the weeping associated with it, is thought to have contributed to her being blind when she returned to Valtos before the First World War. Màiri Dhall, as she was latterly referred to locally, died in 1920.

Oran mór MhicLeòid

Chaidh a' chuibhle mu'n cuairt;
Gu'n do thionndaidh gu fuachd am blàths;
Nàile! chunna mi uair
Dùn flathail nan cuach a thràigh;
Far'm biodh tathaich nan duan,
Iomadh mathas gun chruas, gun chàs;
Dh'fhalbh an latha sin uainn,
'S tha na tighean gu fuaraidh fàs.

Dh'fhalbh Mac-tall' ás an Dùn
'N àm sgarachdainn duinn r' ar triath,
'S ann a thachair e rium
Air seacharan bheann 'san t-sliabh;
Labhair esan air thùs;
"Math mo bharail gur tu, ma's fìor,
Chunna mise fo mhùirn,
Roimh 'n uiridh, an Dùn nan cliar."

"A Mhic-talla nan tùr,
'S e mo bharail gur tusa bhà
Ann an teaghlach an fhìon,
'S tu 'g aithris air gnìomh mo làmh."
"'S math mo bharail gur mi,
'S cha b'furasd dhomh bhi 'nam thàmh,
'G éisdeachd broslum do cheòil
Am fochar Mhic Leòid an àigh.

"Tha Mac-talla fo ghruaim
Anns an talla 'm biodh fuaim a'cheòil;
'S ionad tathaich nan cliar
Gun aighear, gun mhiadh, gun phòit;
Gun mhire, gun mhùirn,
Gun iomrachadh dlùth nan còrn,
Gun phailteas ri dàimh,
Gun mhacnus, gun mhànran beòil."

By Roderick Morrison (An Clàrsair Dall) Bragar and Dunvegan, Skye.
Noted 17th Century bard. The definitive account of his life and work:
"The Blind Harper" (An Clàrsair Dall) by William Matheson, published
by the Scottish Gaelic Texts Society, 1970. The bard is buried in the Eye
Cemetery at Aignish.

Hug hóireann ocho

Séisd   Hug hóireann ocho hì rì
Hóireann ó hì rì hug éile
Hóireann ochó hì rì.

Tigh'nn a mach a Steòrnabhagh
Bu deònach sinn gu gluasad.

Hóireann ochó etc.

Togail chrann is aodaich rith'
'S i aotram air na stuadhan.

Togail nan seòl gheala rith'
A' tarruing air an fhuaradh.

Air bòrd bha ceòl is pìobaireachd
Is clàrsach bhinn 'g a bualadh.

10

Bha 'n sgiobair a bh'air bòrd againn
A Leòdhas nam beann fuara.

*NOTE: The melody is from a Prize Compilation of Unpublished
Tunes by Miss Annetta C Whyte, at Mod of 1907.*

Steòrnabhagh mór a' chaisteil

Séisd   Steòrnabhagh 's e Steòrnabhagh,
Am baile 's bòidhche leam fo'n ghréin,
Steòrnabhagh 's e Steòrnabhagh.

Steòrnabhagh mór a' chaisteil,
Bail' is motha th'air an t-saogh'l;
Ach co-dhiù is beag no mór e,
'S ann d'a leòid as mór mo ghaol.

11

Bha thu riamh cho briagha bòidheach
Ceart mar òighe laghach ghrinn,
'S cuiridh mis' an céill dhuit òran
A bhios seòlta blasd ri sheinn.

'S tric a shiubhail mi do shràidean
'S och bu sràiceil bhiodh mo cheum.
Mas do dh'fhàs mi odhar grànda
Le bhi tàmh fo theas na gréin.

Chì mi fhathast fallain slàn thu,
Ma tha'n dàn dhomh fhéin bhi beò
'S ged bu bhàs dhomh — sud ort slàinte
Thìr mo ghràidh le gràdh gun ghò.

Words by Colonel MacGregor. (See p 6)

An cluinn thu mo nighean donn?

Séisd An cluinn thu mo nighean donn?
Eisd' us thoir an aire dhomh;
Tha móran ann am barail
Gur a h-òg an leannan dhòmhs' thu.

'S ann an tìr nam beann a dh'àraicheadh
Mo chruinneag ghrinn nam blàth-shuilean,
Far an tric an robh mi mànran rith'
'S a thug mi gràdh glé òg dhi.

Cham 'eil cron r' a ìnns' oirre;
Gur banail, beusach, fìnealt i.
'S e cruth 'us dealbh na h-ìghneig ud
A chuir mi fhìn an tòir oirr'.

Gur tric mi oirre smaoineachadh
'S ag aisling nuair nach saoil mi e
'S an gaol thug mi cha chaochail e
Do m' chailin chaoimh, dhuinn, bhòidhich.

O! 's truagh nach robh mi'n tràth so leat
An gleann an fhraoich mar b'àbhaist duinn.
'S ged bhithinn tinn bu slàinte dhomh
Bhi 'g éisdeachd, 'ghràidh, ri d' chòmhradh.

Bheirinn gùn de'n t-sìoda dhuit
'Us bheirinn breacan rìomhach dhuit,
'S a nàilc, leughainn 's sgrìobhainn duit
'S cha leiginn dìth do lòin ort.

Ach nuair a thig an samhradh oirnn
Gu'n téid mi sgrìob a shealltuinn oirr,
Is O, gu 'm faic mi m'annsachd ann,
'S gun taing, gu'm faigh mi còir oirr'.

*By Rev D W Mackenzie, born Airidhbhruaich, 1868. After some
teaching and missionary work in different parts of the Highlands
and Islands, he was for many years a minister in Rothesay.*

Eilean Leódhais, tìr nan gaisgeach

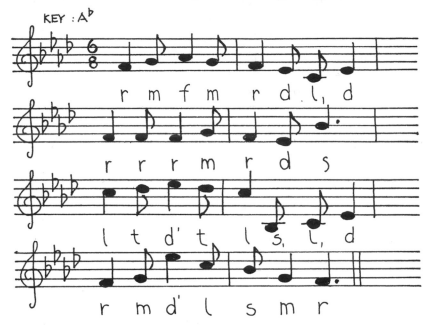

Eilean Leódhais tìr nan gaisgeach,
Tìr nan lasgar 'us nan sàr,
Càite am facas riamh no'n cualas,
Laoich air chuan thug orra bàrr?

Séisd 'N téid thu leam a rìbhinn mhaiseach
'N téid thu leam a rìbhinn òg
'N téid thu leam a rìbhinn uasal
Null air chuairt a dh'Eilean Leódh's?

Chì thu m'athair ann 's mo mhàthair,
Mo bhràithrean 's mo phiuthar òg,
'S gheibh thu iadsan tha dhomh càirdeach,
Cridheil bàigheil, mar bu chòir.

Chì thu'n t-àite 'san deach m'àrach
Mu'n do dh'fhàs mi gu bhi mór,
Canaidh tu gur baile briagha
Lional, ann an Eilean Leódh's.

Chì thu laoich as bòidhche snuadh ann
'Bheireadh buaidh am blàir na h-Eòrp,
Chì thu maighdeannan gun ghruaim orr'
Gabhail dhuan ri luadh a' chlò.

14

Chì thu Mùirneag 's Beanntan Bharbhais,
Air an iath san anmoch ceò,
Chi thu àirighean 'nan guallainn
'S gruagaichean ri cuallach bhó.

Chì thu ann gach nì mar shaoil mi,
'S le mo dhùrachd sud mar bha;
O! ma théid thu leam a chaoidh ann
Gheibh thu caoimhneas agus blàths.

Fhreagair i gu socair ciùin mi,
'Théid mi, rùin, leat null air sàl,
'S bho'n tha tìr do bhreith cho rìomhach,
Fanaidh mi gu crìch mo là'.

Words and music by Alex M Nicolson (see p 173)

Eilean mo ghaoil

15

Eilean mo ghaoil! Is caomh leam Eilean mo ghràidh,
Eilean mo ghaoil! Is caomh leam Eilean mo ghràidh,
An Eilean an Fhraoich bidh daoine fuireach gu bràth,
An Eilean mo ghaoil, is caomh leam eilean mo ghràidh.

Is toigh leam gach beann, gach gleann, gach tulach is òs,
Gach sruthan is allt gu mall tha siubhal gu lòn,
Is toigh leam am feur 's gach geug a chinneas air blàr
An eilean mo ghaoil: is caomh leam eilean mo ghràidh.

Is toigh leam an òigridh cheòlmhor, cheanalta, ghrinn,
A sheinneas na h-òrain, còmhnard, aighearach, binn,
Is toigh leam gach gruagach shuairc' tha'g imeachd air sràid
An eilean mo ghaoil: is caomh leam eilean mo ghràidh.

Is toigh leam gach eun air sgéith an eilean mo ghràidh
Bidh uiseag nan speur ag éigheachd maduinn gach là,
Bidh smeòrach nan geug 's i féin a' seinn air a gràdh,
Do eilean mo ghaoil: is caomh leam eilean mo ghràidh.

Tha uisgeachan mìne cìreadh fuiltein nan gleann,
Fo bhilich an fhraoich tha gaoir is farum nan allt.
Tha osag na gaoith' gu coibhneil thairis gach là
Air eilean mo ghaoil: is caomh leam eilean mo ghràidh.

Tha ghealach 's a' ghrian ag iathadh eilean mo ghràidh,
Toirt thairis am miann gu sìol a thabhairt gu fàs.
Tha ùghdar nan reult E féin ag amharc gach tràth,
Air eilean mo ghaoil: is caomh leam eilean mo ghràidh.

By Donald Macdonald (Domhnull Chràisgean, Bàrd Bharbhais).
Blacksmith to trade, he died in 1916. His songs, poems, stories and
sketches were published in "Bàrd Bharbhais", 1920.

An ataireachd àrd

An ataireachd bhuan,
Cluinn fuaim na h-ataireachd àrd,
Tha torunn a'chuain
Mar chualas leam-s' e'n am phàisd,
Gun mhùthadh gun truas
A' sluaisreadh gainneimh na tràgh'd
An ataireadhd bhuan,
Cluinn fuaim na h-ataireachd àrd.

17

Gach làd le a stuadh,
Cho luaisgeach, farumach bàn,
'N a chabhaig gu cruaidh
'S e gruamach, dosrach, gun sgàth,
Ach strìochdaidh a luath 's
Aig bruaich na h-uidhe bh'aig càch,
Mar chaochail an sluagh
Bha uair 's a' bhaile-sa tàmh.

'S na coilltean a siar
Cha'n iarrain fuireach gu bràth,
Bha m'inntinn 's mo mhian
A riamh air lagan a' bhàigh.
Ach iadsan bha fial
An gnìomh, an caidreamh, 's an àgh
Air sgapadh gun dìon,
Mar thriallas ealtainn roimh nàmh.

Seileach, 'us luachair,
Cluaran, muran, 'us stàrr
Air tachdadh nam fuaran
'N d'fhuair mi iomadh deoch-phàit;
Na tobhtaichean fuar'
Le bualan, 's cuiseag gu'm bàrr,
'S an eanntagach ruadh
Fàs suas 's a' chagailt bha blàth.

Ach siùbhlaidh mi uat;
Cha ghluais mi tuilleadh 'n ad dhàil;
Tha m'aois 'us mo shnuadh
Toirt luaidh air giorrad mo là,
An àm dhomh bhi suainnt'
Am fuachd 's an cadal a' bhàis
Mo leabaidh dèan suas
Ri fuaim na h-ataireachd àrd.

*By Donald Maciver (Dòmhnull Iain Ruaidh, Am Ma 'sgoile Ruadh).
Born in Uig in 1857, he was headmaster at Lemreway, Breasclete and
Bayble. He retired to Garrabost in 1922. He died in 1935. His "Place
Names of Lewis and Harris" was published in 1934.*

An Samhradh

Séisd Eiribh, rachamaid do'n ghlcann,
'S gu faic sinn ann na caileagan;
Eiribh rachamaid do'n ghleann,
'S gu faic sinn ann na h-òighean.

Tha'n samhradh cridheil éibhinn ann,
Tha tlus 'us blàths nan speurean ann,
Tha gathan grinn na gréine,
Air na speuran 'cur dreach òir orr'.

Tha gruagaichean cho lìonmhor ann,
Falt dualach, cuachach, snìomhach orr',
Có shealladh air an sgiamh aca,
Nach miannaicheadh am pòsadh.

A' mhaise bhuilich nàdur orr'
Cha b'usgraichean 's cha b' fhàinnichean,
'S cha b'ìomhaigh bréid no tàileasgan,
Mar tha aig luchd na pròise.

Bu ghoirid cuairt na h-oidhche leinn,
Gu'n dèanadh latha soillseachadh,
A' leannanachd 's a' coimhnealachd,
'S gur fada thall bhi'dh bròn uainn.

*By John Smith (Seonaidh Phàdruig, Bàrd Iarsiadair) 1848-1881.
A highly gifted bard, keen scholar, and successful and promising
student of Medicine at Edinburgh University until, through a
breakdown in health in his 5th year, he had to give up his studies.
He returned to Iarsiadar, where he composed most of his poetry,
and where he died at the early age of 33 years.*

EARRAINN II
UNPUBLISHED SONGS

'S cian bho dh'fhàg mi Leódhas

Séisd Fàili faile, fàili hóro
Fàili faile fàili hóro
Fàili faile fàili hóro
'S cian nan cian bho dh'fhàg mi Leódhas.

'N uair a rinn am bàta gluasad
Leis na soluis ghorm' is uaine
Dh'fhàg sin m'inntinn trom fo ghruaman
Siaban nan tonn uain' ag éirigh.

'Nuair a chuir iad suas na siùil rith'
Dhùin an cadal mo shùilean
'Nuair a rinn mi rithist dùsgadh
B' fhad bha mi 's mo rùn bho chéile.

C' àite, c'àite c'àite an téid mi
'Nuair a luidheas grian mo chéitein,
Slighe cuain eadar mi 's m'eudail —
'S iarguineach mo laighe 's m'éirigh.

21

'S fhada leam an oidhche gheamhraidh
Tune: "'S cian bho dh'fhàg mi Leódhas'

Seisd   Fàili Fàili fàili ó ro;
Fàili fàili fàili ó ro;
Fàili fàili fàili ó ro;
'S cian nan cian bho dh'fhàg mi Leódhas.

'S fhada leam an oidhche gheamhraidh,
'S fhada 's fhada 's fhada leam i,
'S nach fhaic mi ach préiridh lom ann,
'S cha chluinn tonn ri tigh'nn gu tràigh ann.

'N àm do'n fheasgar a bhi ciaradh,
'S tric a bhios mo spiorad cianail;
Smaoineachadh g' eil cian nan cian uam,
Far 'm bu mhiann leam dhol a chéilidh.

Chan ann a thalla no mhór lùchairt,
Ach do bhothan a' mhóir shùgraidh;
Teine mònach air an ùrlar
'S òigridh shùrdail cruinn a' céilidh.

Sgap an comunn, sgaoil na fiùrain,
Is tha móran dhiùbh 's an ùir orr',
'Chunnaic mise cridheil sùrdail;
'S o bu shùgradh bhi 'gan éisdeachd!

'N àm bhi crìochnachadh nan rann so,
Saoilidh mi gu bheil mi cluinntinn,
Fuaim na seann-bhean air a' chuibhle,
'S fuaim nan tonn dol bhar an tiùrra.

Ach càit' nis an nochd an téid mi?
Chan'eil céilidh air a' phréiridh,
'S o chan fhaic mi'n àm dhomh éirigh,
'N àirde 'g éirigh ceò na mònach.

Words by Murdo MacFarlane (See p 121)

Feasgar agus ceò ann

Feasgar agus ceò ann, 's mi Steòrnabhagh nan sràid
Bha iad de gach seòrs ann, is móran de luchd ceàird
Cha'n fhaca mi na's bòidhch' ann, na luchd a' chòmhdaich bhlàth
A' bhriogais ghorm 's a' bhòtunn, 's am peitean mór gu h-àird.

'S ann an eilean Leódhais a tha na seòid as fheàrr
Gu tarruing air na ròpan 's gu "seatadh" na siùil àrd
Gu treabhadh nan cuan uaine 's gu cumail cruaidh am bàt'
'S cha toir na Gallaich buaidh orr' gun téid an cuan 'na thràigh.

Bha mi ann an Alba 's dh'fhalbh mi air gach taobh;
Bha mi ann an Sasuinn, am measg nam fasan ùr,
Ràinig mi Aimeireagaidh, far bheil a' choille dlùth
Is bheirinn cruinneag bhòidheach, á Leódhas bheag mo ghaoil.

23

Ma bhios cùisean còrdaicht, 's gun téid na dòighean leinn
Bidh seasamhan pòsaidh ann, 's bidh 'n òigridh againn cruinn;
Bidh cuid a' gabhail òrain ann, 's "melodian" 'ga sheinn —
Fasan muintir Leódhais 's na sabhlaichean a' danns'.

Tha fasan ac' an còmhnuidh an Leòdhas bheag mo mhiann
Bhith ri buain na mònach n uair bhios an treabhadh dèant'
A' cur a' chruidh gu mòintich, 's a' còmhnuidh air an t-sliabh
'Gam buachailleachd 's na leòidean, 's 'gam bleoghan leis an fhiar.

Words by Murchadh Iain Mhic Dhòmhnuill Bhig. (See p 159)

Cuin a chì mi thusa luaidh

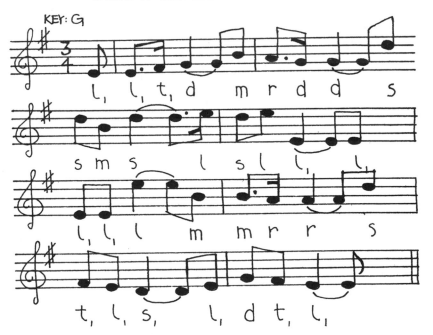

Seisd   O cuin a chì mi thusa luaidh,
        Is mi gach uair a' fuireachd riut?
        Oir thug E dhachaidh thu glé òg
        Is mise brònach, muladach.

        O dheàlraich thu mar phlathadh gréin',
        Is bha do cheum cho iollagach;
        Do ghruaidh, a ghaoil, air dhreach an ròis,
        Bu chridheil, còir am chuideachd thu.

An uair a shaoil sinn thu bhi slàn
Is rùn an àigh gun mhuthadh dhuinn,
'S ann thàinig teachdair air do thòir
Thug iargain bròin is mulaid leis.

Cha dealaichinn-sa ri mo ghràdh
Gu bhi bràth ri turraban;
Ach dhùin do shùilean caomh 'sa' bhàs,
Cha b'urrainn càch do chumail dhomh.

Bu duilich leam do chur 'sa' chill
Gun mi am shìneadh cuide riut;
Bu chruaidh an nì do chur 'san ùir,
Is deòir mo shùl gun sgur orra.

Gur cianail, falamh nochd an t-àit
Far robh thu, ghràidh, a' tuineachadh,
Gun bhrìodal bcòil gun mhùirn, gun cheòl,
Is mise brònach, duilich leat.

Mo bheannachd dhachaidh leat do ghlòir
Far 'eil do chòmhnuidh bunaideach,
Is soraidh bhuan gu tìr nan sàr,
Gu ruig mi sàbhailt m' ulaidh-sa.

Words by James Thomson. (See p 175)

25

Màiri Dhonn

Seisd   Màiri Dhonn, bhòidheach dhonn,
Màiri Dhonn 's mór mo thlachd dhiot,
Màiri Dhonn, bhòidheach dhonn.

Cha robh duin' agam air bòrd,
Cha robh seòladair agam,
Ach mi fhìn 's mo Mhàiri Dhonn
Sgoltadh thonn, siubhal dhachaidh.

Dol a mach aig Bogh nan Gamhn'
Chaidh na cinn oirnn ro fhada,
Thàinig fras o'n àirde Tuath
'S thug i fuaim air a darach.

Thuirt MacAmhlaidh, "Ni i feum,
Ma tha i gleust gheibh i astar;
Fhad's a dh'fhuilgeas i an còrs
Ni i "Mooraist" dheth mun stad i."

26

'Nuair a ràining sinn tìr
Bha sinn sgìth dhe'n a' "phassage",
Chaidh an botul air a' bhòrd,
'S gloine mhór a chur faisg air.

Thuirt Catrìona gun ghruaim,
"Teannaibh nuas 'illean faguis,
Iain, 's mise bhiodh gu truagh
Thu bhi bhuam, ged bu chas thu."

Words by John Macdonald
(Iain Dòmhnullach a' Chaolais), Bernera, 1801-1880.

Gairm an Rìgh

Thainig gairm an Rìgh 'gad iarraidh
'Nuair bu mhiann leis thu bhi'n sìth,
Thug e leis thu, cha robh àicheadh
Ged, a ghràidh, bu chràidhteach mi.

Cha chluinn tuilleadh fuaim do mhànrain,
Cha tig fàilte dhomh a d' bheul;
Dealas ait do ghnùis ri càirdean
Thug thu leat do Phàras e.

27

Bha thu aoidheil ris an ànrach,
Bha thu bàigheil ris gach cré,
Cha robh cuspair gràidh nach b'fhiù leat,
Bha thu mùirneach, tlùsail réidh.

Thug sinn còrr is leth-cheud bliadhna
'N comunn riarachail gun ghò.
Chaochail sud mar aiteal gréine,
Cuime dh'eug thu is mi beò?

Cuin a nis a bhios mi triall leat?
Dhòmhs' tha iargain agus bròn,
Theich mo shùgradh 's mo cheòl-gàire,
Ciod am fàth bhi tàmh na's mò?

Soraidh leat do thìr mo bhruadair
Far am buan a bhios do thàmh,
Soraidh leat do chùirt an Aird Rìgh
Far 'eil gàirdeachas gu bràth.

Words by James Thomson. (See p 175)

Iomair thusa Choinnich Chridhe

Alternative tune

Chaidh an iorram so a chur ri chéile le Ailean Mac'illemhoire, á Nis, an uair a bha e fhéin, a thriùir bhràithrean, agus MacNeacail beag a' tighinn thairis a' Chuain Sgìth. Bha iad ag iomradh na sgoth oir bha'n là ciùin gun deò gaoithe. (Deireadh na siathamh linn deug). Gus an là an diugh is gnàth do na Nisich a bhi 'g aotromachadh nan ràmh le bhi seinn an Iorraim Chuain.

Iomair thusa Choinnich Chridhe,
Néill a mhic 's na hó ró
Gaol nan ban òg 's gràdh nan nighean
Néill a mhic 's na hó ró
Né ro u hó ro.

Iomraidh mise fear ma dhithis
Neill a mhic 's na hó ró
'S nam b' éigin e fear ma thrithir
Néill a mhic 's na nó ró.
Hé ro u hó ró.

Chì mi nise tighinn air fàire
Néill a mhic 's na hó ró
Gob an Rudha 's iodhlann na h-Airde
Néill a mhic 's na hó ró.
Hé ro u hó ró.

Cha d'thàinig mi riamh an cuan so
Néill a mhic 's na hó ro
Gun bhall taobh 's gun taod guaille
Néill a mhic 's hó ró
Hé ro u hó ró.

'S gun a rac a bhith 's a' bhuaraich
Néill a mhic's na hó ró
Cupaill ann am bòrd an fhuaraidh
Néill a mhic 's na hó ró.
Hé ro u hó ró.

'S fiùrain dhìreach sheasadh suas innt'
Neill a mhic 's 's na hó ró.
'S cranna fada rachadh mu'n cuairt orr'
Néill a mhic 's na hó ró.
Hé ro u hó ró.

Words and Melody recovered by John Gunn (Iain Mhurchaidh Ghuine) for many years headmaster at Lionel School, and later at Tong where he died in 1935.

Leódhas mo ghràidh

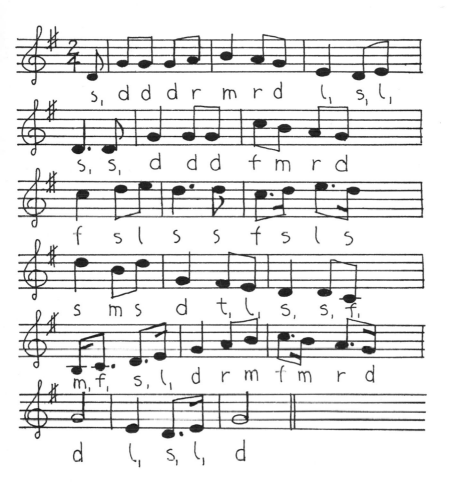

O seinnidh mise rann air an fhonn so an dràsd,
Bu toigh le ar sìnnsir b'iad laoich nam beann àrd'
'S a chaoidh do thìr nan Gàidheal mo spéis-sa bi' buan
'S do'n eilean laigheas àluinn 's a' cheàrnaidh mu thuath
Leódhas mo ghràidh.

'N uair dh'iathas ceò na h-oidhch' anns na glinn 's air gach blàr
Gur sàmhach 'us ciùin iad, 's gach dùil annt 'n an tàmh
'S gun briseadh air an t-sàmhchar ach dàn coilich-ruaidh
'S an eilean laigheas àluinn 's a' cheàrnaidh mu thuath, Leódhas mo
ghràidh.

Tha Steòrnabhagh àluinn nan sràidean 's nam bùth,
'Us "Gearraidh-cruaidh" nan allt 'us nan coilltean tha dlùth,
'S an caisteal as bòidhche 'se pròis an Taobh-tuath
Anns an eilean laigheas àluinn 's a' cheàrnaidh mu thuath,
Leódhas mo ghràidh.

Tha sluagh ann tha bàigheil 'us càirdeil gun ghruaim
'Us laoich a tha làidir 's gach càs a bhiodh cruaidh
Bratach na Gàidhlig gu bràth cumar suas
'S an eilean laigheas àluinn 's a' cheàrnaidh mu thuath,
Leódhas mo ghràidh.

Cha tréig mise Ghàidhlig fad's dàn dhomh bhi beò
Carson a dhèanainn tàir air mo chànain 's mo cheòl?
An cànain glan bàigheil bho m' mhàthair a fhuair
Anns an eilean laigheas àluinn 's a' cheàrnaidh mu thuath,
Leódhas mo ghràidh.

Cha téid mi dhèanamh tàire air àit' fo na neòil,
Is toigh leam tìr nan Gàidheal, a cànain 's a ceòl
Ach do'n àit's an deach m'àrach mo ghràdh-sa bidh buan,
'S an eilean laigheas àluinn 's a' cheàrnaidh mu thuath,
Leódhas mo ghràidh.

Words by Murdo Morrison. (See p 166)

Banaltrum shunndach

Banaltrum shunndach thogadh mo leanabh beag
Banaltrum shunndach thogadh mo leanabh beag
Banaltrum shunndach thogadh mo leanabh beag
Bainne nan gamhnach thogadh mo leanabh beag.

Banaltrum ùigheil thogadh mo leanabh beag
Banaltrum ùigheil thogadh mo leanabh beag
Banaltrum ùigheil thogadh mo leanabh beag
Lite gun bhùirn a thogadh mo leanabh beag.

Banaltrum chiallach thogadh mo leanabh beag
Banaltrum chiatach thogadh mo leanabh beag
Banaltrum chiallach thogadh mo leanabh beag
Bainne nan cìoch a thogadh mo leanabh beag.

Author unknown.

33

Saoil a Mhòr am pòs thu?

Seisd Saoil a Mhòr am pòs thu?
Saoil am pòs thu Fiullaigean?
Saoil a Mhòr am pòs thu?
Theireadh gu leòir nach b'urrainn duit.

'S beag a bha 'dhùil aig do mhàthair,
Gur h-ann a dh'Arnol a chuirt' thu
An deidh cho grinn 's bha thu
Air do shnàthaid mhuslin.

Bha dùil gum b'cheannaiche mór e,
Aig an robh stòr neo-chumant'
Gu facas a phoc' ann an òrdugh,
'Falbh air tòir nan luideagan.

34

De chinneadh Lord Sìofort a bha thu,
Cinneach bha làsdail urramach,
Shuidheadh air 'chathair a b'àird'
Ach rugadh an Arnol Fiullaigean.

Ged a bha Fiullaigean spàgach,
Dhèanadh e ceàrd a h-uile fir,
Chuireadh e craobh ann an gàradh,
Chuireadh e càl is curranan.

Thog e tigh-geal ann an Arnol,
Anns an robh àird' neo-chumanta
Staidhrichean cama le sgàthain,
Chun an ruim àird' aig Fiullaigean.

'S beag a shaoileadh fear fuadain,
Gur h-ann air an tuath a rugadh e,
Coltach ri maraiche cuain,
An ruthadh 'tha 'n gruaidhean Fiullaigean.

'Nuair dh'éireadh am muir mar na beanntan,
'Steach mu'n chrann 'na ultaichean,
Ruitheadh an sgiobair fo rùm
Is dh'fhàgadh e chuibhl' aig Fiullaigean.

'Nuair thig luingeas na bàn-righ,
'Nall air an t-sàl le gunnachan,
Thig iad a steach a Loch Arnoil,
Dh'fhaighneachd càit' 'eil Fiullaigean.

Thàinig litir a nall as an Fhraing,
Is t'éile nall á Ruisia,
Paipearan feadh na Roinn-Eòrp'
Ag innscadh mu phòsadh Fhiullaigein.

By Iain Gobha (Iarsiadar) not Seonaidh Phàdruig, although same name and same village. This song was composed in good-humoured, satirical vein for the author's sister-in-law, Mòr 'an Tailleir, who was about to marry Finlay Macleod (Fiullaigean) from Arnol, c.1875.

Gur fhada ris na dh'fhuirich mi
(Oran Snìomha)

Seisd   Gur fhada ris na dh'fhuirich mi,
Bho thòisich mi ri turraman;
Gur fhada ris na dh'fhuirich mi.

Bho fhuair mi naidheachd air do bhàs,
Tha mise 'ghràidh gu muladach.

Aig do bhantraich 's aig do chloinn,
Tha ionndrainn agus tuiream ort.

Tha do pheathraichean 's do bhràth'r,
Fo phràmh nach fhaic iad tuilleadh thu.

'S chan iad do phàrantan as fheàrr;
Bidh iad gu bràth gun fhurtachd ac.

Tha móran chàirdean anns gach àit,
'S tha sgeul do bhàis glé dhuilich ac'.

36

Bho chaidh thusa ghràidh thoirt uams',
Gu'n d'thréig gach suaimhneas buileach mi.

Ged bheir iad t-ainm-sa bhos is thall,
A chaoidh cha chaill mi 'n turraman.

Repeat chorus after each verse.

Words by Mrs Christina Macdonald (Bantrach Dhòmhnuill
Thormoid) Hacklete, Bernera, on the death of her husband,
early 1900's.

Crodh-laoigh nam bodach

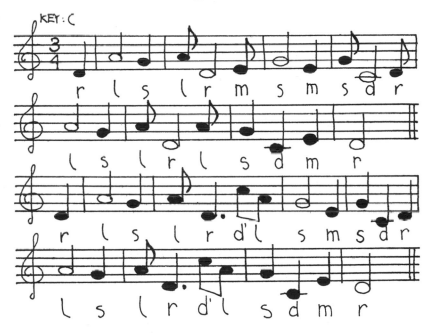

Crodh-laoigh nam bodach,
Crodh-laoigh nam bodach
Crodh-laoigh nam bodach,
'G an togail ri gleann.

Seisd   Ma tha mo thogair,
Ma tha mo thogair,
Ma tha mo thogair,
Cha'n eil mo chrodh ann.

37

Crodh-laoigh nam bodach,
Air fiar 's air fodar,
Crodh-laoigh nam bodach,
'G an togail ri gleann.

Author unknown.

Cumha

Nach duilich, duilich, duilich sinn;
Có 's urrainn chur an cainnt,
Bha sùil againn mu Nollaig riut,
S e sin a thuirt thu ruinn.
Ach bha nì eile 'n urra riut
Cha b'urrainn thu thighinn ann.
An uair a bha sùil a ghràidh riut
'S ann fhuair thu àit 's a' ghrunnd.

Do mhàthair bhochd a dh'àraich thu,
'S a shàruicheadh gun sunnd,
Cha d'fhuair i gus do chàradh thu,
'S do chnàmhan feadh nan tonn,
'S ann sud bha creach gun teisirginn
Gun àite seasamh ann,
A' sealltainn air na geòlaichean,
'S muir bàn a' dòrtadh annt'.

Do pheathraichean 's do bhràithrean,
'S do phàrantan le chéil'
Is falamh 'n diugh an t-àit aca,
Cha lìon thu ghràidh dhoibh e.
Ach 's iomadh piuthar 's bràthair
A sgar am bàs bho chéil',
Feumaidh sinne tràghadh
An cup tha làn dhuinn féin.

Nuair théid càch le toileachas
A choinneachadh a chéil';
'S ann is trom bhios m' osna-sa
Gun mhothachadh do'n treud.
Cha chluinn mi ann do bhruidhinn-sa
No cridhealas do ghàir;
'S ann tha thu féin 's do chompanaich
'S na doimhneachdan nach tràigh.

By Mrs D Macritchie (Bean Dhòmhnuill 'an 'icrisnidh) Baileantruiseil.
This is a lament for her brother who had been drowned at sea, as a very young man, c. 1880.

39

Nochadh ri beanntan na Hearadh

Seisd Hì u rì hòrinn hòrinn
Hì u rì hòrinn an
Hì u rì bhi och is éile
Leamsa b'éibhinn t' fhaicinn slàn.

Nochdadh ri beanntan na Hearadh
Nochdadh ri fearann na Pàirc
Cianalas ri tighinn air m'aire
'S gaol mo leannain ri dol bàs.

Chunnaic mis' thu as mo chadal
Ri tighinn dhachaidh as a' bhlàr,
Le do chlaidheamh caol a' lasadh
Cha b'ann g'am iarraidh-sa bha.

Ged a thigeadh tràigh nach fhacas
Riamh a leithid anns an àit,
'S iomadh sruthan de an chuan
Th' eadar mi 's mo luaidh nach tràigh.

Author unknown.

40

Tha mi duilich, duilich, duilich

Fonn Tha mi duilich, duilich, duilich
Tha mi duilich, duilich, tha
Tha mi duilich, duilich brònach,
Fàgail Steòrnabhagh mo ghràidh.

Chan 'eil dùil a'm tilleadh tuilleadh,
Ma théidh mi idir gu sàl;
'S talt mo chinn 's e dhòmhs' ag innseadh
G' eil mo thìde gu bhi 'n àird.

'S e an nì tha 'ga mo ghluasad,
Freasdal thigh'nn mu'n cuairt le bàs;
Mi leantuinn mo chiad-ghin gaolach,
Chun ná tìr' tha thar an t-sàil.

Chan fhaicear leam Eilean Leódhais,
Chan fhaic mi'n Tiùmpan no'n Aird,
Chan fhaicear leam clagh na h-Aoidhe,
Ged tha m'inntinn ann gach là.

Far na dh'fhàg mi leth mo chridhe;
Dh'fhàg mi gill' ann nach robh ceàrr;
Dh'fhàg mi'n asunn bha 'nam thaobh ann,
Cnàimh bu ghaolaich leam na càch.

41

Chan fhaic mi na daoine 'chleachd mi;
Chan fhaic mi sgadan no bàt;
Chan fhaic mi ann slige mhaoraich,
'S cha bhi faochag ann air tràigh.

Chan fhaigh mi dubhan gu iasgach,
Cha toir mi biathadh á tràigh;
Chan fhaic mi eathar le seòl ann,
Rian bith-beò a bh'aig a' bhàrd.

Tha nis an úin' a' tarruing faguisg,
Tha 'n t-Earrach againn 's a' Mhàirt;
'S mus téid sìol a chur 's an talamh,
Bidh mo dhachaidh air dol fàs.

Words by William Mackenzie (Uilleam Dhòmh'll 'ic Choinnich).
(See p 146)

Mo dhùrachd do'n tìr

Mo dhùrachd do'n tìr
Far 'eil dùthaich mo shìnnsir
Tha sùil agam gu'n till mi
'S cha tréig mi chaoidh a' bharail sin
Mo dhùrachd do'n tìr.

Is mise 'tha gu brònach
Bho'n dh' fhàg mi Eilean Leódhais
An tìr 's an robh mi eòlach
'N uair thogadh òg 'n am bhalach mi.
Mo dhùrachd do'n tìr.

'S e dh'òrduich Dia nan gràs dhuinn
An talamh bhi 'g a àiteach
'Us daoine bhi a' fàs ann
'S ar saibhlean làn de aran ann.
Mo dhùrachd do'n tìr.

Na faighinn-sa mo dhùrachd
Gu'm pillinn gu sgìr' Uige;
'S ann innte tha na fiùrain
Bhiodh calm' air chùl nam marannan.
Mo dhùrachd do'n tìr.

Mi dùnadh leis an dàn so
'S mo shoraidh leis na càirdean
A' sgapadh feadh gach àite
'S nach pill gu bràth gu'n dachaidhean.
Mo dhùrachd do'n tìr.

By Donald MacDonald (Dòmhnall Dhòmhnaill Deirg) of Tobson and Glasgow. This song was composed c. 1900.

43

Eilean beag donn a' chuain

Seisd Hì-ri-o-rì, togaidh sinn fonn
Air Eilean beag donn a' chuain,
Eilean beag Leódhais dachaidh nan seòid
A chumas a' chòmhrag suas;
Eilean nan tonn, a dh'àraich na suinn
'S a chuidich an Fhraing gu buaidh,
Còmhla ri chéile togaidh sinn fonn
Air Eilean beag donn a' chuain.

44

Bha Ghearmailt ealamh 's i sealladh mu'n Iar
'S an domhain ma b'fhior 'na dòrn;
A rùn air cogadh 's i togail a sàth
De chaistealan àlainn ceò;
Clach-stéidh am bunait air gainneamh na tràgh'd,
Am mullach gu h-àrd 's na neòil —
'S earball-sàil na h-Iuthairn a h-àit'
'Nuair thig am muir-làn 'na còir.

A Dhia bi maille ri muinntir a' bhròin,
'S na fir a tha leòinte, tinn,
Bho ìnean guineach na h-iolair' a bhòc
Air fuil agus feòil do chloinn;
Tha gaoth an fhir-mhillidh 'na itean, 's a chròg
A' druideadh m'a sgòrnan teann,
Tha'n leómhann a' fàsgadh Uilleam a Dhà
Is spiollaidh i chnàmhan lom.

Do làmh, a charaid, do dh'Eilean a' chuain
'S a h-eallach cho cruaidh is trom,
Tha'm bàs 'na chabhaig ri sgathadh 's a' buain,
Gun duine ni suas an call;
Tha'n òigridh sgoinneil a sheòlas na caoil
An àite na laoich a bh'ann,
Gun bhoineid, gun bhròig, a' siubhal an raoin
An Eilean an Fhraoich ud thall.

O 's làidir na bannan 'g am tharruing a null
Gu eilean beag donn Mhicleòid,
'S gu stiùir mi gu h-ealamh gu cala mo long
'Nuair ruigeas mi ceann mo lò;
'S ma ghreimicheas m'acair ri Carraig nan Al
Bidh m'anam tighinn sàbhailt beò,
Mo shiùil air am pasgadh am fasgadh Chill'-Sgàir,
Le m'athair 's mo mhàthair chòir.

*By Donald Morrison (Dòmhnull 'an Moireasdan) Bragar and
Duluth. Died Duluth 1951.*

Ma théid mise tuilleadh a Leódhas nan cruinneag

Seisd   Ma théid mise tuilleadh a Leódhas nan cruinneag,
Ma théid mise tuilleadh a dh'innis nan laoch,
Ma théid mi ri m' bheò dh'eilean Leódhais nam mórbheann
Cha till mi ri 'm bheò as gun òrdugh an rìgh.

Mu dheireadh an t-samhraidh, 's ann thàinig mi nall ás
Bha'n teas orm trom, anns an àm bhithinn sgìth
Ag iasgach an sgadain a shamhradh 's a dh'earrach
'S a' Bhruaich 's ann an Sealtuinn 's an Arcamh
nan caol.

Bidh sgiobair a' stiùireadh 'n a chanabhas dùinte
'S bidh ise gu siùbhlach a' rùsgadh nan tonn;
An fhairge 'n a cabhadh mu ghuallainn an fhasgaidh
'S na glinn a' dol seachad 's a hailleard a' dìosg.

'Nuair théid air an fheasgar 's a ruigear am banca
'S a gheibhear le cabhaig a mach aisd' na lìn
Gu'n téid sinn thar bòrd aist' a steach do'n tigh-òsda,
'S gun tarruing sinn stòpa le òran math gaoil.

'Nuair thilleas sinn dhachaidh le 'r bàta làn sgadain
's a gheibh sinn le cabhaig bho'n chaillich an tì;
Gu'n téid sinn cho spaideil tre shràidean a' bhaile
'S nuair chì sinn ar leannain gu'n las sinn a phìob.

Author unknown.

Oran an t-seana ghille

A fhleasgaich gun chéill gur beag a tha dh'fhios agad
Fhleasgaich gun chéill na'n tuigeadh tu chòir;
Mur h-aithne dhuit fhéin e, ìnnsidh mise dhuit
Liuthad rud ceanalta dhèanadh bean òg.

Ged bhiodh tu brònach 'n àm tighinn dhachaidh dhuit,
Thilgeadh bean òg dhiot eallach a' bhròin;
'S ged rachadh an saoghal truimeach air h-earrach ort,
Gheibheadh tu cadal an achlais mnà òig'.

Chuireadh i teaghlach briagha mu'n teine dhuit
'S b'éibhinn an sealladh am faicinn mu'n bhòrd,
Oganaich fhìor-ghlan, sìor dhol am fearachas,
Maighdeannan beadarrach, leadanach, òg.

Chuireadh i fàilt' ort, chuireadh i furan ort,
Dh'éisdeadh tu mànran lurach a beòil;
Bidh fear na mnà òige sòlasach cuideachdail
Seann fhleasgach luideach 'na bhurraidh ri bheò.

'Nuair thig ort an aois gun duine ni d'anacladh,
Searbhant no sgalag chan fhaigh thu ri d'bheò,
Feumaidh tu strìochdadh 's do chùisean thoirt thairis,
'Se airgiod nan cailleach bhios agad fa-dheòidh.

Nuair thig am bàs ort có ni alair dhuit?
Tilgidh fear-fuadain thairis ort fòd.
Triallaidh tu null 's cha bhi ionndrain air thalamh ort,
Bidh tu mar mhadadh a thachteadh air ròp.

Words by Seonaidh Phàdruig. (See p 20)
The tune is from Alec Macdonald, Bragar, now of Back School.

Eilean fraoich nam beann àrd

Alternative tune

Fonn   Eilean fraoich, eilean fraoich
Eilean fraoich nam beann àrd'
Far an d'fhuair mi m'àrach òg;
Eilean Leódhais mo ghràidh.

Far an robh mi làithean m'òig'
Ruith gun bhròig dol do'n tràigh;
'S mi ri streap gu nead an eòin
Anns gach còs 'sam bi àl.

49

Thug mi greis de làithean m'òig'
Air a' mhòintich 'nam phàisd';
'S mi ri tional nan laogh òg',
Is nam bó aig an tràth.

Far am faca mi an òigh,
Thuit mi òg oirr' an gràdh;
'S ann a chionn nach 'eil i beò,
Rinn mi seòladh thar sàil.

'S ged a bheirte dhomh an tìr-s',
Eadar chraobhan is bhàrr;
B'àill leam a bhi measg an fhraoich,
Ann an tìr nam beann àrd'.

Words by William Mackenzie. (See p 146)

Oran Chalum Sgàire

Seisd   Air fàill ó ro-u
Faill éileadh ó ro-u
Air fàill ó ro-u
Hogaibh ó 's na hó ì.

50

O rìgh gur trom m'osann,
'S fhada bho mo luaidh nochd mi,
Mise Tuath an Cuan Lochlainn
'S is' aig Loch-an-fhir-Mhaoil.

Dh'fhalbh i, ghluais i leinn dhachaidh,
Chuir i chuairt ud air Arcaibh,
Siùil ùra 's cruinn gheala,
Tìde mhara 'si leinn.

Nuair a nochd i air fàire
Bha mo leannan-sa 'g ràdhtainn,
"Siud an t-soitheach aig 'Cràgam'
Calum Sgàire tha innt'."

Nuair a dhìrich mi bhruthach,
Thilg i bhuarach 's an cuman,
'S thuirt i "S uaibhreach an diugh mi,
'Seo cuspair mo ghaoil."

Ged is math a bhith seòladh,
'S bochd an obair ud dhòmh-sa;
'S mór gum b'fheàrr leam bhith 'm Bòstadh
Cur an eòrna 's an raon.

Ach nam bithinn-s' aig baile
A Gheamhradh 's a dh'Earrach,
Cha leiginn mo leannan
Le balach gun strìth.

Nam bithinn-sa làmh riut
Nuair a thug do làmh dhi,
'S ann a dh'fhaodadh do chàirdean
Dhol a chàradh do chinn.

Words by Malcolm Macaulay (Calum Sgàire). (See p 179)

Fail ó ro mar dh'fhàg sinn

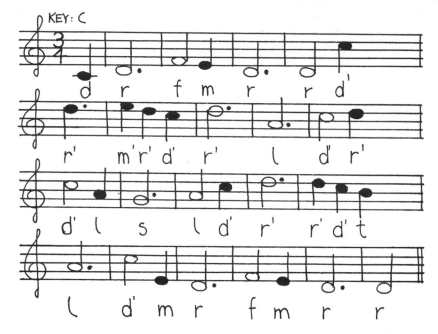

Fail ó ro mar dh'fhàg sinn,
Cur siùil ri croinn àrda;
Gillean gasda cliùiteach,
A dùthaich nan àrd-bheann,
Fail ó ro mar dh'fhàg sinn.

Am bàta sheòl á Cluaidh leinn,
Bu bhuadhach air sàil i,
Bha fichead seòl 's a trì
Air an rìbhinn a b'àille,
Fail ó ro mar dh'fhàg sinn.

Cha b'iad balaich Ghallda
B'annsa leinn mar làmhan;
Ach prasgan de na Gàidheil,
Nach géilleadh 's a' ghàbhadh,
Fail ó ro mar dh'fhàg sinn.

'N àm fàgail ar dùthcha,
'S cur dùil ri ar càirdean,
Dh'òl sinn slàint' nan nìonag
Nach dìobar gu bràth sinn,
Fail ó ro mar dh'fhàg sinn.

A null an Cuan-Siar dhuinn,
Gu'm b'iargalta bha i,
Muir gu trom a' beucadh,
'S ag éirigh 'na ghàir-ghil,
Fail ó ro mar dh'fhàg sinn.

Bha an sgiobair treubhach,
'G éigheach dhol an àirde,
'S an long air a riasladh,
'S an siaban 'gar bàthadh,
Fail ó ro mar dh'fhàg sinn.

Na siùil ged a reubadh,
'S ged dh'éireadh muir bàrcach,
Bha na balaich gleusta,
Gu greim chur air càbuill,
Fail ó ro mar dh'fhàg sinn.

Ma gheibh mis' a Leódhas,
Far 'm b'eòlach a bha mi,
Searrag bidh air bòrd ann,
Le òran math Gàidhlig,
Fail ó ro mar dh'fhàg sinn.

Words from Duncan Macdonald (Bernera), for many years headmaster at Sandwick, where he died in 1938. He made a collection of Gaelic idioms which were published in "Gnàthasan Cainte" in 1932. He was co-editor of the original "Eilean Fraoich".

An t-Eilean mu thuath

53

An t-eilean mu thuath, an iomull a' chuain,
An t-eilean 's an d'fhuair mi m'àrach;
Far an d'fhuair mi 's mi òg bainne fìorghlan ri òl,
'S bha m'anam tigh'nn beò 's a' fàs leis.

An t-eilean a tuath, an t-eilean tha fuar,
'Se Leódhas bho thuath mo ghràidh e,
Far nach cluinn mi ri m'bheò bhi sealg no bhi 'g òl
No làmhadh no òrd air an t-Sàbaid.

Nach mis' tha gu truagh gu tùrsach 's fo ghruaim
Bho chuir mi ri tuath mo chùlaibh;
Nuair choisich i dìan chuir i curs' oirre 'n iar
'S thug dorchadas dhìomsa Mùirneag.

Chan eil math domh no stàth bhi tuiream 's a' chàs,
Chan aithreachas tràth a th'ann domh;
Chan urrainn mi snàmh gu cuideachd mo ghràidh
No coiseachd air tràigh do Leódhas.

By John Macleod (Iain Tharmoid Mhóir) North Tolsta, who was for some years a lay preacher in Canada, but had returned home before his death in 1911.

EARRAINN III
ORAIN LUAIDH

Abu chuibhl'

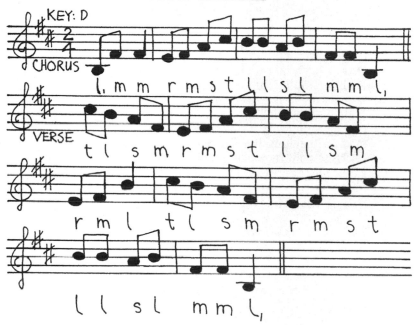

Seisd Abu chuibhl', abu chuibhl'
Abu, abu chuibhl' i.

Rud nach fhaca duin' air thalamh,
Rud nach fhaca duin' a riamh,
Rud nach fhaca duin' air thalamh,
Samhuil osain an Taoibh Siair.

O chan fhaca duin' air thalamh,
O chan fhaca duine beò,
O chan fhaca duin' air thalamh
Maraichean an Achamhóir.

Ach cuin a thig mo rùnsa dhachaidh?
Cuin a gheallas e dhomh gùn?
Cuin a thig mo rùnsa dhachaidh
Balach spaideil a bha 'n Uig?

O nach mairg a tha gun leannan,
O nach mise tha gun sunnd,
O nach mairg a tha gun leannan
'S gillean snasail an Aird Thung.

'N cuala sibh an sgeula thaitneach,
'N cuala sibh i rì ho ró,
'N cuala sibh an sgeula thaitneach
Each is cart ac' an Cromór?

O cha ghabh mi fhìn am fear ud,
O cha ghabh mi fhìn a chaoidh,
O cha ghabh mi fhìn am fear ud,
Iasgair lang' á Beinn-a-Saoid.

O cha téid mi fhìn a Ghlaschu
O chan fhalbh mi fhìn gu bràth,
O cha téid mi fhìn a Ghlaschu
Leam bu ghasda Ceann a' Bhàigh.

Sud far 'eil na balaich mhaiseach,
Sud far 'eil na gaisgich threun
Sud far 'eil na balaich mhaiseach
A' Sanndabhaig 's an Cul-ri-gréin.

Ach cha ghabh mi fhìn na fearaibh,
O cha ghabh mi duine chàch;
Is mo leannan fhìn aig baile,
Fear á Pabuil 's as an Aird.

A fhleasgaich ùir, leanainn thu

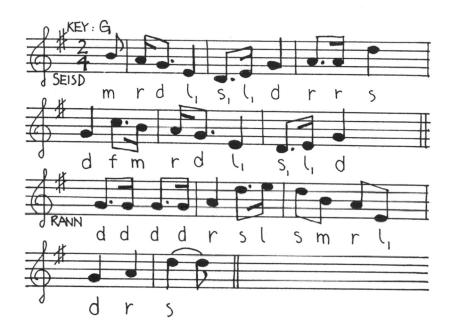

Seisd A fhleasgaich ùir, leanainn thu
Fhir a' chùil bhòidhich;
A fhleasgaich ùir, leanainn thu.

'S mi gu'n rachadh ad choinneamh
Air mo bhonnaibh gun bhrògan.

Air bonnaibh mo chasan
Ged bhiodh clachan 'gan stròiceadh.

Ged bhiodh reothadh glé chruaidh ann,
Sneachda fuar air a' mhòintich.

Fhir nan camagan donna
Rinn mi coinneamh glé òg riut.

Dh'fhalbhainn air muir no tìr leat
Gu ruig crìoch na Roinn Eòrpa.

Ach guidheam gu slàn thu,
Gach là fhad 's is beò mi.

Fhir a' chinn-duibh ó hi ù o

ALTERNATIVE TUNE FOR RANN:

Seisd Fhir a' chinn-duibh ó hi ù o
Fear a' chùil-duinn hù o éile
Fhir a' chinn-duibh ó hi ù o.

Repeat chorus after each line.

'S moch an diugh a rinn mi éirigh
Ma 's moch an diugh bu mhuich an dé e
'S moch am màireach e ma's fheudar
Ghabh mi suas an cois an t-sléibhe
Fhuair mi'n crodh 's na laoigh le chéile
Fhuair mi ghruagach dhonn gun éirigh
Phaisg mi 'n luib mo bhreacain féin i
Thuirt mi rithe mach b'eagal beud dhi
Cha do leig i glaodh na éibh aisd
O nan leigeadh 's ann gun aobhar.

Na'n tigeadh tu

Na 'n tigeadh tu
Hai-o-u, éile 's na hùraibh o-u,
Taobh na buaile
Hai-o-u, éile 's na hùraibh o-u.

Taobh na buaile etc
Cha b'e do dheoch, etc.

Cha b'e do dheoch etc
Bùrn an fhuarain etc.

Bùrn an fhuarain, etc.
Bainne Buidheig, etc.

Bainne Buidheig, etc
Bainne Gualfhionn, etc.

Bainne Gualfhionn, etc
Bainne na bà, etc.

Bainne na bà, etc
Hai o-u, éile 's na hùraibh o-u etc.

'S fheàrr 's a' bhuaile, etc
Hai o-u, éile 's na hùraibh o-u etc.

'S na hì o hù Chalumain

Seisd 'S na hì o hù Chalumain
Fallain gu'm bi thu,
'S na hì o hù Chalumain.

'S math thig breacan air fhiaradh
Air sliasaid mo ghaoil-sa.

O, fhir a' chuil bhuidhe
Ni a' bhruthach a dhìreadh.

O, fhir a' chùil *stéidich
Ged is fheudar dhomh d'innse.

A Chaluim bheirinn ort comhairl'
Gun Beinn Mhothail a dhìreadh.

Ma 's toir iolair mhór a' Chliseam
Thun a nid thu 'na h-ìnean.

Thig mo ghùn as an Fhraing
Le chuid fraoidhnichean sìoda.

Thig mo bhoineid as a' bhùth
Le chuid "fhloors" 'na aodann.

60

Thig mo bhòtunnan dhachaidh
Le "elastic" 'nan taobhan.

Tha mo chleòc' ann an Glaschu
'S thig e dhachaidh ri tìde.

Term used in Ness meaning "long flowing hair".

from Mary MacDonald (Bernera)

O chraobh nan ubhal, ó

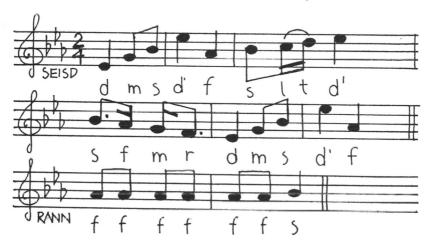

Seisd O chraobh nan ubhal ó
Craobh nan ubhal, geug nan abhull,
O, chraobh nan ubhal ó.

Repeat chorus after each line.

Tha craobh agam anns a' leas
Tha i fàs gu dìreach bras
Thig mo leannan g'a toirt ás
'S aithnichidh e có chraobh is leamsa
Craobh is mìlse 's is feàrr ùbhlan
Craobh is duinne 's truime ùbhlan
'S bheir e leis mi fhìn air leth,
'S e mi fhìn a bheir e leis.

61

Seinn, seinn hù ho ró

Séisd Seinn, seinn hù ho ró,
Seinnibh hó ro 'n àil leibh,
Seinn, seinn hù ho ró.

Repeat chorus after each line.

Ach gur mise tha fo fhadachd,
'Nam shuidh' air àirigh leacan,
Coimhead nan gillean ri dol seachad,
Cha tug mi mo roghainn asda,
Fear mór ruadh na gruaige caise,
Seann duine cha ghabh mi idir,
Cha téid e mach gun am bàta,
Cha tig e steach gun an casda,
Saoilidh e gur caoraich clachan,
Saoilidh e gur geóidh na cearcan,
Saoilidh e gur siùcar sneachda,
Saoilidh e gur grian a' ghealach,
Saoilidh e gur làir a' searrach,
Bithidh e fada 'g éirigh,
Fada dol 'na éideadh.

Chuala mi fuaim

Chuala mi fuaim 's an t-sabhal
Hai o ro hù lo-u
Ithillean beag hu lo-u
Hai oro hù lo-u.

Repeat chorus after each line.

Mar chléith luaidh a bhiodh aig mnathan, etc
Fhir a shiubhlas an gleannan
Thoir an t-soraidh so gu m' leannan
Innis dha gu bheil mi fallain
'S gu bheil mi am ghruagaich fhathast
Sìos is suas air feadh tigh m'athar
'S o! ma tha gur mi tha coma.

From Mrs Victor Ross (Harris and Uig).

Air fà-il éileadh ho-ro hì

Séisd Air fà-il éileadh hóro hì
Hill é liù nam b'àill leat mi,
Air fà-il éileadh hóro hì.

Rann: Cha chreid mi fhìn nach e mo luaidh
Tha cur mu'n cuairt aig Bhàcasaidh.

Ge dubh do cheann is geal do chrìdhe,
Rùn mo chrìdh' is àluinn thu.

M' eudail air do shùilean donna,
'S dòrainneach a dh'fhàg thu mi.

M' eudail fhìn air aghaidh na sìth,
'S ann agam fhìn a b'fheàrr leam thu.

Is mis' dh'aithnicheadh air do shùil,
Gur ann á Uig a thàinig thu.

B' fheàrr leam aon fhear ann an Uig
Na triùir a bhalaich Chàrlabhaigh.

Cha chreid mise gun cluinn mi
Gur ann le fuath a dh'fhàg thu mi.

Cha chreid mi nach'eil mo dhòchas
Aig bun sgòth an àit' eiginn.

Is ged nach'eil do chrodh air buaile
'S aotrom luath am bàt' agad.

M'eudail ort ged tha thu dubh
Cha'n fhaigh fear buidhe t-àite bhuam.

From Mary MacDonald (Bernera)

Another version follows

'Se tìr mo rùin-sa Ghàidhealtachd

Séisd   Air fà lé lu hó hù
'S e tìr mo rùin-sa Ghàidhealtachd.
Air fà lé lu hó ro hù.

Far am bi an crodh 's na laoigh,
Air feadh nan gleann air àirighean.

Bidh a' bhanarach dol fòpa,
'S peile mór 's gach làimh aice.

Gheibh thu pailteas dheth ri òl,
'S cha phàigh thu gròt no fàrdan air.

Bidh na boirionnaich a' snìomh,
'Chlann-nighean 's ciad a' càrdadh ac'.

Fear a' cur is fear a' buain,
Is fear air chuan 's a bhàt' aige.

Gheibh thu bradan 's gheibh thu fiadh,
Is gheibh thu iasg gu d'àilgheas ann.

Gheibh thu aran coirc' is eòrna,
'S òg a rinneadh m' àrach air.

Far an éireadh moch a' ghrian,
Gu 'm b' e mo mhiann bhi tàmhachd ann.

Far an seinneadh moch na h-eòin,
Gur brònach mi bho'n dh'fhàg mi e.

'S tu nach faireadh fad' an oidhch',
Air feadh nan gleann am Beàrnaraigh.

Bhiodh na caileagan a' luadh,
'S bu taitneach fuaim an gàire leam.

Théid mi ann aig àm na féille,
'S chì mi féin na b'àill leam ann.

Words by Donald MacDonald (See p 43)

Hé mo leannan

66

Alternative tune
KEY : E

SEISD

l s m m   r d l₁ l₁

f m r r   m s l

l s m m   r d l₁ l₁

RANN

l l l l   t l l l

m m r r   m s l

Séisd: Hé mo leannan, hó mo leannan,
'Se mo leannan am fear ùr
Hé mo leannan, hó mo leannan.

'Se mo leannan gille Calum
"Carpenter" an daraich thu.

'Se mo leannan am fear dualach
Air an d' fhàs an cuailean dlùth.

'Se mo leannan am fear donn
A thogadh fonn anns an tigh-chiùil.

'Se mo leannan saor an t-sàbhaidh
Leagadh lobhta làir gu dlùth.

Comhairle bheirinn fhìn air gruagaich
A bhi cumail suas ri triùir.

Ged a dhèanadh iad uile fàgail
Bhitheadh a làmh aic' air fear ùr.

67

'N cuala sibh mar dh'éirich dhòmhsa
Chuir an t-òigear rium a chùl.

Cha do mheas mi sud ach suarach
O'n a fhuair mi fear as ùr.

Dh'fhalbh an gaol, sgaoil an comunn,
Tha mise coma co dhiù.

Tha mi coma, suarach agam
Tha chead aige, 's beag mo dhiù.

Mo nigh'n donn hó gù

Séisd: Mo nigh'n donn hó gù
Hì ri rì hù ló
Mo nigh'n donn hó gù.

Mo nigh'n donn a' chùil bhàin
'Se do ghràdh rinn mo leòn.

Mo nigh'n donn a' chùil chais
Deud mar chailc 's gruaidh mar ròs.

Mo nigh'n donn a' chùil réidh
Bha mi'n déidh air do thòir.

Mo nigh'n donn a choisinn geall
Far na champaich na seòid.

68

'S bithidh mo làmh-sa 'nad làimh
'S neo-ar-thaing do n' tha beò.

'S bithidh mo làmh mu d' chùl bàn
Ged a gheàrrt i mu'n dòrn.

'S bheirinn oidhch' air son oidhch'
Air son caoimhneas do bheòil.

'S théid mi null air a' bheinn
Far 'm beil loinn nan ban òg.

'S bithidh mi còmhl' ri bean na bainns'
'S bithidh mi'n ceann a' bhùird mhóir.

E-o-i-ri-im-o.

1st Chorus E-o-i-ri-im-o, Im-o-i-ri-u-o

Chunnaic mi tighinn an triùir,
 E-o-i-ri-im-o,
Chunnaic mi tighinn an triùir,
 E-o-i-ri-im-o, Im-o-i-ri-u-o.

70

Fear is gille is gunna is cù,
   E-o-i-ri-im-o,
Fear is gille is gunna is cù,
   E-o-i-ri-im-o, Im-o-i-ri-u-o.

Nuas mu bhothag an t-siùil,
   E-o-i-ri-im-o,
Nuas mu bhothag an t-siùil,
   E-o-i-ri-im-o, Im-o-i-ri-u-o.

Dh'aithnich mi nach b'e mo rùn,
   E-o-i-ri-im-o,
Dh'aithnich mi nach b'e mo rùn,
   E-o-i-ri-im-o, Im-o-i-ri-u-o.

Bheirinn "presan" duit á bùth,
   E-o-i-ri-im-o,
Bheirinn "presan" duit á bùth,
   E-o-i-ri-im-o, Im-o-i-ri-u-o.

Dolman de'n fhasan ùr,
   E-o-i-ri-im-o,
Dolman de'n fhasan ùr,
   E-o-i-ri-im-o,

Currac le ribeanan ùr,
   E-o-i-ri-im-o,
Currac le ribeanan ùr,
   E-o-i-ri-im-o, Im-o-i-ri-u-o.

Mhàiri dhubh 's na hù-o-hó

'Mhàiri dhubh 's na hù-o-hó,
'Mhàiri dhubh 's na hù-o-hó,
'Mhàiri ghuanach 's na hog-ì
'S a Mhàiri ghaolach 's toigh leam thu,
A Mhàiri dhubh 's na hù-o-hó.

Tha mo bheannachd aig an tìr,
Anns na dh' àraicheadh mi fhìn;
Tìr nam beann, nan gleann, 's an fhraoich,
Is tìr mo ghaoil ged chanainn e,
A Mhàiri dhubh 's na hù-o-hó.

Mhàiri bheag 's tu m' ùidh is m' annsachd,
Tha do dha shùil ghorm mar shamhradh,
Dh'aom gach là gu duibhre geamhraidh,
Bho'n a chaill mi'n sealladh ort,
A Mhàiri dhubh 's na hù-o-hó.

'Mhàiri ud a tha leat fhéin,
Tional chruidh air leathad réidh,
'S binn do ghuth na fiodhall air ghleus,
'S na teudan air an teannachadh.
A Mhàiri dhubh 's na hù-o-hó.

Ged tha Màiri dubh le càch,
Tha i geal le fear a gráidh,
'S i mar shneachd ri tighinn gu làr,
'S mar chraoibh 'si làn do dhearcagan.
A Mhàiri dhubh 's na hù-o-hó.

'S mór gu 'm b' fheàrr a bhi le Màiri,
'M bothan beag, air cùl a' ghàraidh,
Na le t' éil an lúchairt àluinn,
Ged bhiodh sràidean Lunnain aic'.
A Mhàiri dhubh 's na hù-o-hó.

A ghaoil an saoil am faigh mi thu

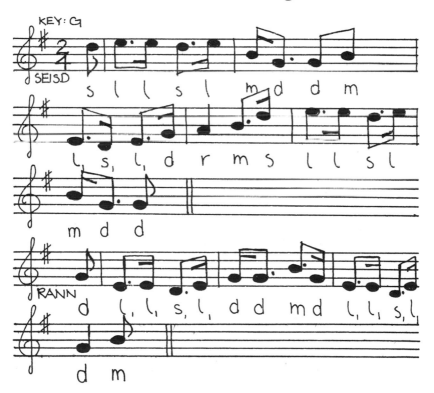

Séisd   'S a ghaoil an saoil am faigh mi thu,
'S e d' fhaighinn dhèanadh slàn mi,
'S a ghaoil an saoil am faigh mi thu?

Cha ghabh mi fhìn an tàillear,
O cha ghabh, cha ghabh, chan àill leam.

Cha ghabh mi fhìn an clachair,
Bidh e glagadaich mu'n ghàradh.

Cha ghabh mi fhìn an ceannaiche,
Bidh eallach de chuid chàich air.

Cha ghabh mi fhìn an tuathanach,
Bidh ruaig air son a mhàil air.

Cha ghabh mi fhìn an breabadair
Bidh bhean a' goid an t-snàth air.

Ach 'se mo ghaol an seòladair
Air long nam mór chrann àrda.

Alternative version

Cha ghabh mi clann 'Ic Leòid
Ged a dh'òladh iad cha phàigheadh.

Cha ghabh mi-fhìn na Dòmhnullaich,
Tha móran dhiùbh 'nan ceàrdan.

Cha ghabh mi idir Stiùbhairtich,
Tha brùidealachd 'nan nàdur.

Cha ghabh mi-fhìn na Camshronaich,
Tha cas-cham air fear no dhà dhiubh.

Cha ghabh mi clann Mhic Iomhair,
Cha'n fhaic thu fiamh a' ghàir orr'.

Cha ghabh mi clann Mhic Rath,
Bidh iad a' cadal air an t-Sàbaid.

Cha ghabh mi clann Mhic Caoidh,
Bidh iad a' faoidh a' bhuntàta.

'Se ghabhas mise an saighdear,
A dh' fhalbhas grinn an t-sràid leam.

'S toigh leam cruinneag dhonn nam bó

KEY: C

m d r m l s m d' r' m' l

l s m r m d r m l s m

m m m r m s s m r m d' l

s m r

Séisd   'S toigh leam cruinneag dhonn nam bó,
Shiùbhlainn leat troimh choill nan cnò,
'S toigh leam cruinneag dhonn nam bó.

'S toigh leam cruinneag dhonn na h-àirigh,
Dh'an tug mi mo ghràdh 's mi òg.

'S toigh leam banarach na buaile
Buain a' fhraoich gu dath a' chlò.

Shiùbhlainn leat troimh choill a' bharraich
Ged bhiodh càch a' fanoid òirnn.

Ri cur a' chrodh-laoigh d'an innis,
Dh' aithnichinn a' tighinn do cheòl.

75

O hì-rì lean

Séisd O hì-rì lean eatharan na-ù-o
O hì-rì lean.

Leannan dà mharaich mi.

Sheasadh ri cruadal.

Ged bhiodh cruaidh fhrasan ann.

Sneachd a' ghaoith a tuath ann.

Gur mise tha tinn.

Cha'n ann le goirteas mo chinn.

Chaidh mo leannan d'an chill.

An cist chumhang a' chinn chaoil.

Air a sparradh le saor.

Air a dubhadh le bìth.

Chan 'n 'eil furtachd domh ann.

Tha fadachd orm, o hì

Séisd: Tha fadachd orm, o hì
'S mi ri dol a ghluasad,
Tha fadachd orm o hì.

Rann: Fadachd air muin fadachd orm
Bho rinn mo leannan gluasad.

'S fhada leam bho'n dhealaich mi
Ri m' leannan anns an uaigneas.

'S ged bu dubh le càch thu
Bu tu mo sgàthan guaille..

'S ged bhiodh càch gad' chàineadh
Mo ghràdh dhuit chan fhuaraich.

'S coltach cùl mo ghràidh-sa
Ri eala bhàn nan cuantan.

'S coltach cùl mo ghaoil-sa
Ri faoileag nan tonn uaine.

'S diombach a chaoidh mi
Ris an luing thug an cuan air.

'S chuir iad mi a Stocaleit
An ceann a b'fhaide tuath dheth.

'S chunnaic mi dol seachad thu
Is deise thartain uain' ort.

Tha sneachd air mullach Ròinebhal
Is ceò air Beann a' Chuailein.

Bha mi latha falbh na mòintich

Rann: Bha mi latha falbh na mòintich

Séisd: Hoireann o hi rio ró
          Hùg is hùg is hùg is hoireann
          Hoireann o hi rio ró.

          Thachair uisge mór is ceò rium;
          Hoireann o hi rio ró, etc.
          (Repeat after each line)

78

Thachair fear a' chòta mhóir rium;

Dh'fhoighnich e an tugainn pòg dha;

'S thuirt mi gu dearbh nach tugadh.

Fill-iù oro hù o

Séisd Fill-iù oro hù o
Bu tu mo chruinneag bhòidheach
Fill-iù oro hù o.

Dheidhinn dha'n a' ghealaich leat
Na'n gealladh tu mo phòsadh.

Dheidhinn leat a dh'Uibhist
Far am buidhicheadh an t-eòrna.

Dheidhinn leat a dh'Eirinn
Gu féill nam ban òga.

Dheidhinn dha na rionnagan
Na'm bitheadh do chuideachd deònach.

79

Dheidhinn leat an ear 's an iar
Gun each gun srian, gun bhòtuinn.

Mise muigh air cùl na tobhta
'S tusa stigh a' còrdadh.

Mi 'g éisdeachd ris na diùcannan
A' cur do chliù an òrdugh.

'S ag éisdeachd ris na h-iarlachan
'Gad iarraidh gus do phòsadh.

'S chuala mi na ministeirean
A' bruidhinn air do bhòidhchead.

Thug am bàta

Thug am bàta hai ou, éile 's na hù-rì
Ur an cuan oirr' hai ou, éile 's na hù-rì.

Ur an cuan oirr' hai ou, éile 's na hù-rì
Mo leannan innte hai ou, éile 's na hù-rì.

Mo leannan innte hai ou, éile 's na hù-rì
Air a guallainn hai ou, éile 's na hù-rì.

Air a guallainn hai ou, éile 's na hù-rì
Cha b'fheàrr cearrag hai ou, éile 's na hù-rì.

Cha b'fheàrr cearrag hai ou, éile 's na hù-rì
Cheangladh suas ris hai ou, éile 's na hù-rì.

Cheangladh suas ris hai ou, éile 's na hù-rì
'Se mo ghaolsa hai ou, éile 's na hù-rì.

'Se mo ghaolsa hai ou, éile 's na hù-rì
Saor a dh'fhuaigh i hai ou, éile 's na hù-rì.

Dhèanainn sùgradh ris an nigh'n duibh

Séisd: Dhèanainn sùgradh ris an nigh'n duibh,
Agus éirigh moch 's a' mhaduinn,
Dhèanainn sùgradh ris an nigh'n duibh.

Dhèanainn sùgradh an àm dùsgaidh
Ri maighdinn ùr na siùil chairtidh.

81

Dhèanainn sùgradh ris a' ghruagaich
H-uile uair a bhiodh i agam.

"Reef" 'ga cheangal 's "reef" 'ga fhuasgladh
Muir m'a guallain, fuaim is fead oirr'.

'Nuair a dh' éireas am muir gàireach
Sligean bàna tighinn bho'n aigeal.

'S tric a sheòl mi 'n Cuan-a-Tuath leat
Le gaoith tuath 's cruaidh-fhrasan.

'S tric a bha mi 'gad stiùireadh
'S am muir a' sgùireadh na deaca.

'S ann am Bel-a-fast an Eirinn
Fhuair i'm bréid nach fheum a chairteadh.

Cha bhi ball a' feum a splaidhseadh
Aig mo mhaighdinn ri tighinn dhachaidh.

Cha bhi seòl a feum a chàradh
Aig mo Mhàiri ri tighinn dhachaidh.

'S toilicht' ghabhainn fhéin mo "mhòrnin"
'N deigh a "moorigeadh" 'n Newcastle.

Chaidh am bàta mach an Rudha

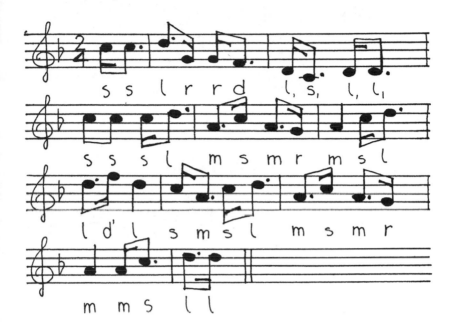

Rann: Chaidh am bàta mach an Rubha
'Si 'na siubhal fo làn aodaich.

Séisd Hóirean ó hai iù ó
Hiùraibh ó rou 'g éile
Hóirean ó hai iù ó.

Chaidh am bàta mach an caolas
'S tha mo ghaol oirr' mur do thréig e.

'S e mo leannan làmh g'a stiùireadh
'N uair a bhiodh muir cùil ag éirigh.

'S e mo leannan làmh g'a feitheamh
'S e 'ga caitheamh mar a dh' fheumadh.

Cuir an stiùir an laimh an Leòdaich
Air mu shuarach stòp "Ghenever".

'S truagh nach robh mi fhéin 's mo leannan
Ann an slag 's a' Bheinn Eite.

Gun neach bhi oirnn am fagus
Ach eòin an adhair 'gar n-éisdeachd.

Cuach is cuthag is smeòrach
Nach aithris bun sgeòil d'a chéile.

Héman Dubh

Rann 1

Héman dubh	5 Héman dubh
'S truagh nach tigeadh	Shnàmhainn na caoil
Héman dubh	Héman dubh
Sud 'gam iarraidh	Air an tarsuinn
Héman dubh	Héman dubh
Gille 's litir	An cuan Ileach
Hì ri o ro	Hì ri o ro
Each is diallaid	'S an Caol Arcach
Héman dubh, hi-ri ho-ro	Héman dubh, hì-ri ho-ro
Héman dubh, hù ó.	Héman dubh, hù ó.

2 Héman dubh
   'S mise dh' fhalbhadh
   Héman dubh
   Null air sàile
   Héman dubh
   Le mo leannan
   Hì ri o ro
   'S cha bhiodh dàil ann
   Héman dubh, hi-ri ho-ro
   Héman dubh, hù ó.

3 Héman dubh
   Na 'm bitheadh agam
   Héman dubh
   Sgiath a' ghlaisein
   Héman dubh
   Iteag an eòin
   Hì ri o ro
   Spòg na lachainn
   Héman dubh, hi-ri ho-ro
   Héman dubh, hù o.

4 Héman dubh
   Iteag an eòin
   Héman dubh
   Spòg na lachainn
   Héman dubh
   Shnàmhain na caoil
   Hì ri o ro
   Air an tarsuinn
   Héman dubh, hi-ri ho-ro
   Héman dubh, hù ó.

6 Héman dubh
   An cuan Ileach
   Héman dubh
   'S an Caol Arcach
   Héman dubh
   Rachainn a steach
   Hì ri o ro
   Thun a' chaisteil
   Héman dubh, hì-ri ho-ro
   Héman dubh hù ó.

7 Héman dubh
   Rachainn a steach
   Héman dubh
   Thun a' chaisteil
   Héman dubh
   'S bheirinn a mach
   Hì ri o ro
   As mo leannan
   Héman dubh, hì-ri ho-ro
   Héman dubh, hù ó.

8 Héman dubh
   'S bheirinn a mach
   Héman dubh
   As mo leannan
   Héman dubh
   'S chan fhoighnichinn
   Hì ri o ro
   Có bu leis i
   Héman dubh, hì-ri ho-ro
   Héman dubh, hù ó.

*Singers please observe numbered sequence of verses in order to preserve continuity of theme.

85

Hug hoirinn ó hiùraibh ó

Séisd   Hug hórinn ó hiùraibh o
Chan 'eil a' chùis a' còrdadh rium,
Hug hóirinn ó hiùraibh o.

Chunnaic mi do bhàta 'n dé
Ri dol fo bhréid a Steòrnabhagh.

'S trom mo cheum an diugh 's an dé
'S bho latha thréig an t-òigear mi.

'S trom mo cheum a' tigh'nn gu baile
'S gun mo leannan còmhla rium.

86

EARRAINN IV
PUIRT-A-BEUL

Chan 'eil mo leannan ann a' seo

Chan 'eil mo leannan ann a' seo
Cha robh e'n raoir 's cha bhi e'n nochd
Chan 'eil mo leannan ann a' seo
No fear a thogas m'inntinn.

Séisd   'S i o al o al o al am
        'S i o al o al o al am
        'S i o al o al o al am
        'S io al am 's i h-aurum.

87

Caolas eadar mi 's mo luaidh
Caolas eadar mi 's mo luaidh
Caolas eadar mi 's mo luaidh
Is cuan eadar mi 's m' annsachd.

Caolas Bheàrnaraidh is Uig
Caolas Bheàrnaraidh is Uig
Caolas Bheàrnaraidh is Uig
Gur tric no shùil a null air

Boineid cruinn is geansaidh snàth
Boineid cruinn is geansaidh snàth
Boineid cruinn is geansaidh snàth
Le RNR air m' annsachd.

Tha mo leannan 's a' Mhailisi'
Tha mo leannan 's a' Mhailisi'
Tha mo leannan 's a' Mhailisi'
'S cha chuir "drile" maill air.

Dh'ith thu'n gruth is dh'òl thu 'm bàrr
Dh'ith thu'n gruth is dh'òl thu 'm bàrr
Dh'ith thu'n gruth is dh'òl thu 'm bàrr
Is dh'ith thu càis an t-samhraidh.

Cha dean ìm no gruth no bàrr
Bainne tiugh no bainne blàth
Cha dean ìm no gruth no bàrr
An àirde chur air m'annsachd.

Hó! théid gu'n téid sinn cuairt
Hó! théid gu'n téid sinn cuairt
Hó! théid gu'n téid sinn cuairt
'S ann dha'n a' Bhruaich as t-samhradh.

'Nuair bha mi na mo mhaighdinn

'Nuair bha mi na mo mhaighdinn
'Se saighdear bu docha leam
'Nuair bha mi na mo mhaighdinn
'Se saighdear a b' fheàrr leam.

'Se saighdear 'se saighdear,
'Se saighdear bu docha leam,
'Se saighdear 'se saighdear,
'Se saighdear a b' fheàrr leam.

'Nuair bha mi na mo mhaighdinn
Fear cruinn dubh bu docha leam
'Nuair bha mi na mo mhaighdinn
Fear cruinn dubh a b' fheàrr leam.

Fear cruinn dubh, fear donn dubh,
Fear cruinn dubh bu docha leam,
Fear cruinn dubh, fear donn dubh,
A mhuinntir na h-Airde.

89

Mo nigh'n donn nan caorach, ó.

Mo nigh'nn donn nan caorach ó
Mo nigh'nn donn nan caorach o-i
Mo nigh'nn donn nan caorach ó
Shiùbhlainn leat 's an aonach o-i.

Shiùbhlainn le mo nighinn duinn,
Shiùbhlainn air mo bhid-lighnich*
Shiùbhlainn le mo nighinn duinn
'S dheighinn troimh 'n an aonach leatha.

Mo nigh'nn donn nan caorach òg,
Mo nigh'nn donn nan caorach aighear,
Mo nigh'nn donn nan caorach òg,
Shiùbhlainn leat 's an aonach fharsuing.

Shiùbhlainn le mo nighinn duinn,
Bh' fhalbhainn le mo nighinn laghaich,
Shiùbhlainn le mo nighinn duinn,
'S dheidhinn do 'n an aonach leatha.

*Bhid-lighich — *on bare wet tiptoes.*

'S ioma rud tha dhìth orm

Rann 'S ioma rud tha dhìth orm
A dh' fheumainn fhìn mu'n dèanainn banais.
'S ioma rud tha dhìth orm
A dh' fheumainn fhìn mu'n pòsainn.

91

Séisd Fàineachan is grìogagan
Bheirinn fhín do Mhór-a'-Cheannaich
Fàineachan is grìogagan
Bheirinn fhìn do Mhòraig.

Dòmhnull dubh an Dòmhnullaich
A nochd an tòir air Mòr-a'-Cheannaich
Dòmhnull dubh an Dòmhnullaich
A nochd an tòir air Mòraig.

Aonghas Mac-a'-Phìobaire
'S e fhéin a' strì ri Mòr-a'-Cheannaich
Aonghas Mac-a'-Phiobaire
'S e fhéin a' strì ri Mòraig.

Dh' òladh sinn is dhannsadh sinn
Air oidhche banais Mòr-a'-Cheannaich
Dh'òladh sinn is dhannsadh sinn
Air oidhche banais Mòraig.

Dh'aindeon 's dé na chuala mi
Cha toir mi fuath do Mhòr-a'-Cheannaich
Dh'aindeon 's dé na chuala mi
Cha toir mi fuath do Mhòraig.

'N am amadan, 'n am amadan a bha mi riamh,

'N am amadan, 'n am amadan a bha mi riamh,
'N am amadan, 'n am amadan a bha mi riamh,
'N am amadan, 'n am amadan a bha mi riamh,
A' mire rise na caileagan
A chaill mi mo chiall.

A t-amadan an t-amadan, an t-amadan gun chiall,
A t-amadan an t-amadan, an t-amadan gun chiall,
A t-amadan an t-amadan, an t-amadan gun chiall,
Is iomadh a tha ann an duigh
A rinn an rud ciant.

Bodachan ar-i-ar-o

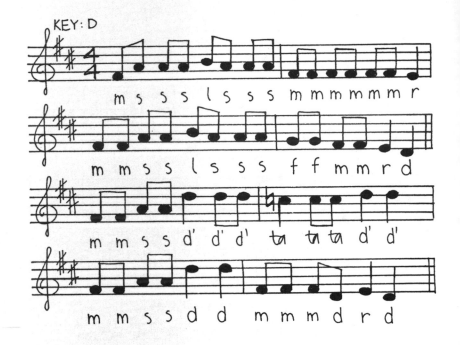

Séisd Bodachan ar-i-ar-o
Ar-i-ar-o-ar-i-ar-o
Bodachan ar-i-ar-o
Bidh e ruith nan caorach.

Bodachan a' chinn duibh
A' chinn duibh, a' chinn duibh,
Bodachan a' chinn duibh
Bidh e anns an aonach.

Bodachan le pinnt air,
Le pinnt air, le pinnt air,
Bodachan le pinnt air
Bidh e leis an daoraich.

Càirich an leabaidh dha,
Leabaidh dha, leabaidh dha,
Càirich an leabaidh dha,
Tha e nis fo'n aodach.

94

Dòmhnull beag an t-siùcair

Dòmhnull beag an t-siùcair,
An t-siùcair, an t-siùcair,
Dòmhnull beag an t-siùcair,
Is dùil aige pòsadh.

Cha ghabh a' chlann-nighean e,
Cha ghabh a' chlann-nighean e,
Cha ghabh a' chlann-nighean e,
Bho nach 'eil e bòidheach.

Ged a bhiodh na h-ùbhlan,
Na h-ùbhlan, na-ùbhlan,
Ged a bhiodh na h-ùbhlan
An cùlthaobh a bhrògan.

Ged a bhiodh na ginidhean
Na ginidhean, na ginidhean,
Ged a bhiodh na ginidhean
A' gliogadaich 'na phòcaid.

Stocainnean daoimean

Séisd Hai-o hai-rum stocainnean daoimean,
Hai-o hai-rum stocainnean daoimean,
Hai-o hai-rum stocainnean daoimean,
'S iad bhios grinn anns na "lòrns".

Hai-o hai-rum chunnaic mis' an raoir thu,
Och! Och! hai-rum chunnaic mis' an raoir thu,
Hai-o hai-rum chunnaic mis' an raoir thu
Dìreadh an staidhir anns an "Royal".

Hai-o hùram cha bu mhath bu diù leam,
Och! Och! hùram cha bu mhath bu diù leam,
Hai-o hùram cha bu mhath bu diù leam
Mur faighinn fhéin an t-Uigeach ri phòsadh.

Hai-o hia-rum cha ghabh mise Siarach,
Och! Och! hia-rum cha ghabh mise Siarach,
Hai-o hia-rum cha ghabh mise Siarach
Ged a bhithinn bliadhna gun phòsadh.

Hai-o hùram 's ann taobh thall a Mhùirneig,
Hai-o hùram 's ann taobh thall a Mhùirneig,
Hai-o hùram 's ann taobh thall a Mhùirneig,
Tha far a bheil mo rùnsa ri còmhnaidh.

Hai-o hùram thug e bonaid ùr dhomh,
Hai-o hùram thug e bonaid ùr dhomh,
Hai-o hùram thug e bonaid ùr dhomh,
Meileabhaid is gùn agus cleòca.

Tha moit air son do leannain ort

Tha moit air son do leannain ort,
Tha moit air son do leannain ort,
Tha moit ort fhèin a nighean donn
Ag innseadh gum bheil fear agad.

Tha fear is fear is fear agad,
Tha fear is fear is fear agad,
Tha cunntas fhear agad ma's fìor,
'S cha phòs thu air an Earrach iad.

Mo ghùn ùr sìoda

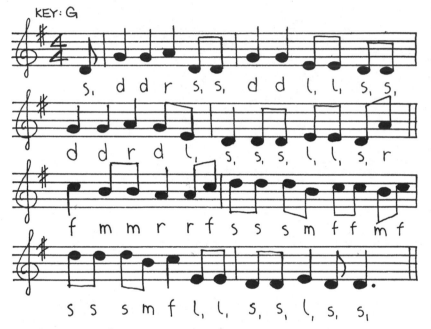

Mo ghùn ùr sìoda, mo ghùn ùr calico,
Mo ghùn ùr sìoda, cha d' fhuaradh gun cheannach e.

Cha d' fhuaradh gun phrìs e,
Cha d' fhuaradh gun cheannach e,
Ach tha e nise tolltach,
'S mo ghùn donn theirig e.

Cha d' fhuaradh 's an tìr-s' e,
Cha d' fhuaradh 's an ath fhear e,
Cha d' fhuaradh 's an Fhraing e,
Ach fhuaradh 's an Eadailt e.

Murchadh Tóbha churraig dhuibh

'Nuair théid thu null a Steòrnabhagh
Chi thu Murchadh Dòmhnullach
'Na sheasamh aig na còrnairean
Le còta 's brògan-danns' air.

Murchadh Tóbha churraig dhuibh,
A' churraig dhuibh, a' churraig dhuibh.
Murchadh Tóbha churraig dhuibh
''S gur suigeartach a' danns' e.

Ma théid thu chòmhradh ris
Innsidh e gu pròiseil dhuit
Bho thàinig e a Steòrnabhagh
Gu bheil gach òigh an geall air.

Cha ghabh e té gun stòras aic'
Ged bhiodh fiamh an òir oirre,
Is e tha dhìth air mór-bheartas
A chumadh ceòl is danns' ris.

Ma gheibh e té a chòrdas ris
Ann am baile Steòrnabhaigh,
Cha bhi fad gu'm pòs e i,
'S bidh còta 's brògan danns' air.

An taillear an gille laghach

Séisd   An tàillear, an tàillear,
An tàillear, an gille laghach,
'N taillear an tàillear
An gille laghach sunndach.

100

An gille laghach lurach e,
An gille laghach sunndach.
An gille laghach lurach e,
Thaighainn as na bh' ann e.
        An tàillear etc.

Nam bu mhise bhanarach,
Agus thusa 'm buachaille
Gheibheadh càch am bainne tana,
'S gheibheadh tusa 'n t-uachdar.
        An tàillear etc.

Tha i tarruing anmoch

Tha i tarruing anmoch chan fhuirich mi chan fhalbh mi
Tha i tarruing anmoch chan fhalbh mi chan urra mi;
Tha fear a muigh, tha fear a muigh, tha fear a muigh a' fuireach rium
Tha fear a muigh aig ceann an tigh' is leathar e ma dh'fhuireas mi.

Tha i tarruing anmoch, chan fhuirich mi chan fhalbh mi
Tha i tarruing anmoch, chan fhalbh mi, chan urra mi;
Tha fear a muigh, tha fear a muigh, tha fear a muigh a' fuireach rium
Tha fear a Chlann 'icLeòid aig 'a chòrnair a' fuireach rium.

Tha i tarruing anmoch chan fhuirich mi chan fhalbh mi
Tha i tarruing anmoch chan fhalbh mi chan urra mi;
Tha fear a muigh, tha fear a muigh, tha fear a muigh a' fuireach rium
Tha aon 's a dhà 's a cóig 's a sia, 's tha 'm fear as briagh 'g
ullachadh.

Cha bhi sinn gun annlan, gun ìm anns a' gheamhradh,
Cha bhi sinn gun annlan, 's an t-samhradh bidh gruth againn;
Tha fear a muigh, tha fear a muigh, tha fear a muigh a' fuireach rium
Tha fear a muigh aig ceann an tigh' is leathar e ma dh'fhuireas mi.

Nighean Chaluim Mhóir an t-sruth

Nighean Chaluim mhóir an t-sruth,
Bu mhath an diugh bhith cuide ruit.
Nighean Chaluim mhóir an t-sruth
Bu mhath an diugh bhith làmh riut.

Séisd   Bu mhath an diugh, an dé, an diugh
Bu mhath an diugh bhith cuide riut,
Bu mhath an diugh, an dé, an diugh
Bu mhath an diugh bhith làmh riut.

Ged a bha thu grànda dubh,
Bu mhath an diugh bhith cuide riut,
Ged a bha thu grànda dubh,
Bu mhath an diugh bhith làmh riut.

Mòrag bheag

103

RANN
-2-
l d m s l ss m r d d d m

r d d l, d l, d m s l ss m

m r d r m m l, l,

Séisd Mòrag bheag nighean Mhurchaidh an t-saoir
'S aotrom a dh'fhalbhas i, 's aotrom a dh'fhalbhas i,
Mòrag bheag nighean Mhurchaidh an t-saoir,
'S aotrom a dh'fhalbhas i phòsadh.

Dé nì mi ma shéideas a' ghaoth
'N oidhche mus fhalbh sinn, an oidhche mus fhalbh sinn,
Dé nì mi ma shéideas a' ghaoth
'N oidhche mus fhalbh sinn a phòsadh?

Dh'fhalbhainn leat a Mhiabhaig an Uig
Ged bhitheadh e anmoch, ged bhitheadh e anmoch,
Dh'fhalbhainn leat a Mhiabhaig an Uig
Ged bhitheadh e anmoch is ceò ann.

'S ann théid mise le mo ghaol
Gu Caimbeulach Uige, gu Caimbeulach Uige,
'S ann théid mise le mo ghaol
Gu Caimbeulach Uige a phòsadh.

Có 'n té bheag tha danns' air an làr?
Tha bean-na-bainnse, tha bean-na-bainnse.
Có 'n té bheag tha danns' air an làr?
Tha bean-na-bainnse 's cha mhór i.

A nighean bhàn nach duilich dhuit

A nighean bhàn nach duilich dhuit a' bhruthach sin a dhìreadh,
A nighean bhàn nach duilich dhuit a' bhruthach sin a dhìreadh,
A nighean bhàn nach duilich dhuit a' bhruthach sin a dhìreadh?
A' bhruthach chas 'gad shàrachadh a nighean bhàn nan caorach.

Nach grinn donn sgiobalt' tha mo ghiobag air an ùrlar
Nach grinn donn sgiobalt' tha mo ghiobag air an ùrlar
Nach grinn donn sgiobalt' tha mo ghiobag air an ùrlar?
'S cha robh giobag idir ann cho sgiobalt ri mo Sheònaid.

Nach grinn donn àluinn tha'n té bhàn a th'air a cùlthaobh
Nach grinn donn àluinn tha'n té bhàn a th'air a cùlthaobh
Nach grinn donn àluinn tha'n té bhàn a th'air a cùlthaobh?
Ach cha robh gin a b'fheàrr leam a thoirt chun a' làir na Seònaid.

Siùdaibh 'illean, gabhaibh 'm port

Siùdaibh 'illean gabhaibh 'm port,
Siùdaibh 'illean dannsaibh,
Siùdaibh 'illean gabhaibh 'm port,
'S mise bean na bainnse.

'S fheàrr leam fhìn na mìle crùn
'S fheàrr leam fhìn na daímain
'S fheàrr leam fhìn na mìle nota
Gur h-i 'n nochd an oidhche.

106

Tha mis 'air uisg 'an Iònain duibh

Tha mis' air uisg' an lònain duibh,
Tha mis' air uisg' an lònain,
Tha mis' air uisg' an lònain duibh,
Is bainn' a' chruidh aig Mòraig.

Tha bainn' a' chruidh aig Mòraig bhig,
Tha bainn' a' chruidh aig Mòraig,
Tha bainn' a' chruidh aig Mòraig bhig,
Is mis' air uisg' an lònain.

Cha tugainn bainne caorach dhuit,
Cha tugainn bainne goibhre,
Cha tugainn bainne caorach dhuit,
Ach bainne geal an laoighein.

107

Hó ró shiùbhlainn fada

Hó ró shiùbhlainn fada
Feadh na h-oidhche ris a' ghealaich
Hó ró shiùbhlainn fada
Le mo leannan Dòmhnull.

Séisd Haoi ò gu dé nì mi
Haoi ò gu dé nì mi
Haoi ò gu dé nì mi
Mur faigh mi fhìn mo dhòchas?

Dhèanainn coinneamh riut Di-luain,
Dhèanadh, dhèanadh o luaidh!
Dhèanainn coinneamh riut Di-luain,
Aig ceann na cruaiche mònadh.

M' eudail air do shùilean donna

M' eudail air do shùilean donna
Air do shùilean 's air do bhodhaig
M' eudail air do shùilean donna
'S air do bhodhaig bhòidhich.

B' fheàrr leam fhìn gu robh thu agam
B' fheàrr leam fhìn na'n t-òr e
B' fheàrr leam fhìn gu robh thu agam
'S e do mhais' a leòn mi.

B' fhearr leam fhìn na mìle not'
B' fhearr leam fhìn na'n daoimean
B' fhearr leam fhìn na mìle nota
Gur e nochd an oidhche.

Gar am faighinn idir thu
Gar am faighinn fhìn thu
Gar am faighinn idir thu
Na'n dèanadh tu do dhìcheall.

Mur a bitheadh Dòmhnull

Mur a bitheadh Dòmhnull
'S e Seòras a bhitheadh ann,
Mur a bitheadh Dòmhnull
'S e Seòras a dh' iarruinn.   (repeat)

'S e Dòmhnull, 's e Dòmhnull.
'S e Dòmhnull a bhitheadh ann;
'S e Dòmhnull, 's e Dòmhnull,
'S e Dòmhnull a dh' iarruinn.   (repeat)

Mur a bitheadh Dòmhnull
'S e Seòras a bhitheadh ann,
Mur a bitheadh Dòmhnull
'S e Seòras a dh' iarruinn.   (repeat)

A Dhòmhnuill, a Dhòmhnuill,
A Dhòmhnuill na 'n tigeadh tu,
A Dhòmhnuill, a Dhòmhnuill,
Na 'n tigeadh tu 'g am iarraidh.
A Dhòmhnuill, a Dhòmhnuill.
A Dhòmhnuill na 'n tigeadh tu,
O ho ò i
Dòmhnull á Siadar.

Làrach do thacaidean

Làrach do thacaidean
Làrach do chruidhean
Làrach do bhrògan
Am bòrd Loch-na-Muille.

Séisd   I ud ud eatharam
I ud ud aoiream
I ud ud eatharam
Chunna mise raoir thu.

Carson a bha thu spaidsearsachd
Timchioll tigh na muille;
Robh thu 'n dùil gu faigheadh tu
Gu nighean bhuidhe mhuillear?

111

Cha b'e brògan tacaideach
Le pleitichean is cruidhean,
Bu chòir a bhith ma d'chasan
Ma 's e caithris bha 'na d'inntinn.

Cha ghabh i idir, idir thu,
Cha dèan i caithris oidhch' leat,
Go'n cuir thu bhot na bloidsearan
'S gu faigh thu brògan foidhne.

First verse and chorus traditional

Hai-ó na h-eireagan

Séisd Hai-ó na h-eireagan
Na h-eireagan, na h-eireagan,
Nach aighear mar a dh' fhalbh iad.

Cha bheir iad uighean tuilleadh dhuinn
Cha bheir iad uighean tuilleadh dhuinn
Cha bheir iad uighean tuilleadh dhuinn
Bho ruith iad do 'n an arbhar.

Bha eireagan aig Bill ann
Bha eireagan aig Bill ann
Bha eireagan aig Bill ann
'S "ticket" air an earbull.

Taois do na h-eireagan
Taois do na h-eireagan
Taois do na h-eireagan
Gu "tea" do na cailleachan.

Tha fear na coise bige, bige

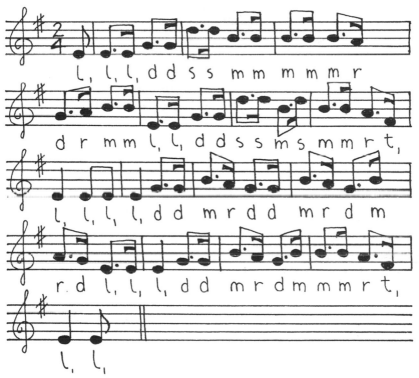

Tha fear na coise bige, bige,
Bige, bige, bige, bige,
Fear na coise bige, bige,
Mire ris a' mhaighdinn.

An muillear, am breabadair,
Am breabadair, am breabadair,
Am muillear, am breabadair,
Am breabadair, am muillear.

Na 'm biodh trì sgillinn agam

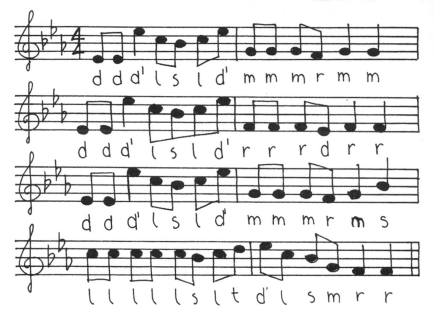

Na 'm biodh trì sgillinn agam
Chuirinn anns an òl iad;
Na 'm biodh trì sgillinn agam
Chuirinn anns an òl iad.
Na 'm biodh trì sgillinn agam
Chuirinn anns an òl iad;
'S na 'm biodh bonn-a-sia agam
Dh' fhiachainn ri pòsadh.

Còta fad' air Dòmhnull lòm

Còta fad' air Dòmhnull lòm,
Còta fad' air Dòmhnull lòm,
Còta fad' 's briogais ghoirid,
Sud an deis aig Dòmhnull lòm.

Còta fad' air Dòmhnull lòm,
Còta fad' air Dòmhnull lòm,
Dosan dualach air a chìreadh,
'S math thig cìrean air falt donn.

Tighinn air a' mhuir

Tighinn air a' mhuir tha fear a phòsas mi,
Tighinn air a' mhuir tha fear a phòsas mi,
Tighinn air a' mhuir tha'n gille buidhe bòidheach,
'Se cìobair nan òisgean a phòsas mi.

Tha m'ulaidh air, tha m'ulaidh air, cha bhi e ris an òl;
Tha m'aighear air, tha m'aighear air, cha bhi e ris an òl.
M'eudail air an t-sùil, 's air a' mhala os a cionn,
Gaol mo chridhe air a' ghille, gràdhan air.

Tighinn air a' mhuir tha fear a phòsas mi,
Tighinn air a' mhuir tha fear a phòsas mi,
Tighinn air a' mhuir tha'n gille buidhe bòidheach,
Bucaill air a bhrògan le òrdugh an rìgh.

Cha tig an latha

Rann Cha tig an latha théid mi dhachaidh
Gus an tig na caoraich,
Cha tig an latha théid mi dhachaidh
Gus an tig na caoraich.

117

Gus an tig a' chaora dhubh,
Gus an tig a' chaora,
Gus an tig a' chaora dhubh
'S a h-adhairc as a h-aonais.

Suidhidh mi air cùl a' chreagain
'S teannaidh mi ri caoineadh;
Suidhidh mi air cùl a' chreagain
'S teannaidh mi ri caoineadh.

Gus an tig a' chaora dhubh
Gus an tig a' chaora,
Gus an tig a' chaora dhubh
'S a h-adhairc as a h-aonais.

'S math a dhannsadh

'S math a dhannsadh Uisdean Hiortach,
Lùdagan an cùl na h-iosgaid,
'S math a dhannsadh Uisdean Hiortach,
Leis an fhichead maighdinn.

Ceathrar roimhe 's as a dheidhidh,
Ceathrar roimhe 's as a dheidhidh,
Ceathrar roimhe 's as a dheidhidh,
Seisear air gach làimh dheth.

Another version

Ged a tha do chasan caola
Pòsaidh mi thu 's mór mo ghaol ort,
Ged a tha do chasan caola,
'Se do ghaol a mheall mi,

Pòsaidh mi mun tig an t-earrach,
Fhad 's a bhios na caoraich reamhar,
Pòsaidh mi mun tig an t-earrach,
Mun tig an ath-gheamhradh.

'S aithne dhomh do ghùn a dhèanamh
Air a chùlaobh 's air a bheulaibh,
'S aithne dhomh do ghùn a dhèanamh,
Mar tha gùn na Bainrigh'nn.

Caol, caol mu'n a' mheadhon
Caol, caol mu'n a' mheadhon
Caol, caol mu'n a' mheadhon
'S leathann mu'n an ìochdar.

NA H-EARRAINNEAN URA

Mi le m' uilinn air mo ghlùin

Rann Mi le m' uilinn air mo ghlùin
'S muladach mi dèanamh dàin

Séisd Shil mo shùil nuair chaidh siùil
Ri croinn-ùra chaol àrd,
Rìgh, 's mo rùn-sa 'nam bàrr.

Dearcam fhathast air mo ghaol
Coiseachd air slat-chaol fo sheòl

Séid sèimh, socair, o ghaoth Tuath,
Gus an cuir i Cluaidh ás fàir.

Gheall e, "Pillidh mis', a ghràidh,
Buidhe nuair ni fàs an t-eorn'"

Sìod a Sìonaidh dhomh gu gùn,
Ghealladh le mo rùn, 's bréid-phòsd'.

120

'S cìrean sheud-làn, 's faillean-chluas,
Ghealladh le mo luaidh, 's fàinn òir.

Bidh mi guidhe air mo ghlùin,
Guidhe dhuit muir ciùin 's siùil làn.

Bidh mi guidhe air mo ghlùin,
Pilleadh rium thu, rùin, slàn.

Aiseig fallain, O Ghaoth Tuath,
Dhachaidh dhomh mo luaidh slàn.

Murdo Macfarlane (Murchadh Chalum Dhòmhnuill Chaluim, Bàrd Mhealaboist) 1901- His name has become a household word throughout the Gaelic world through his broadcasts on both Radio and Television. Now in his 80th year he can still command an audience with his own compositions, whether in the form of song or recitation. Several of those compositions were collected some years ago in "An Toinneamh Dìomhair", edited by A J Macaskill and published by the Stornoway Gazette. The tunes of the five songs included here were noted from the bard's own rendering on tape. He also recorded the explanatory notes for three of the songs.

It is with sadness that we add this postscript, when, on the eve of going to print, we have news of the death of our much-loved Milbost Bard in his 82nd year.

Biodh an Seisean, biodh a' Chléir

'S coma 's coma 's coma leam
*Rebel as no rebel ann,
'Se mo cheisd an gille donn.

Séisd   Biodh an seisean, biodh a' chléir,
Biodh an sionadh thar a chéil',
Cha chuir sud no nì fo'n ghréin
Eadar mi 's mo Chailean féin.

122

Gur e Rebel e gu shàil,
'S chan eil samhail fear mo ghràidh
Ri dol idir sios am Bràigh.

Ged robh 'n eaglais dol mu sgaoil,
Tuiteam ann an gaol bidh chloinn
Mar a bha o linn gu linn.

Ged robh 'n eaglais dol mu sgaoil,
Cupid bidh le shaighdean gaoil
Mar a bha o thùs an t-saogh'l.

Mur b'e ceòl is gràdh is gaol
Dheidheadh an saoghal so fa sgaoil;
Sinn' an tùr, ach sud an t-aol.

Nan robh coilear air mo rùn
Dùint' le fiucan air a chùl
'S cinnteach bhiodh dhomh m' fheòil 's mo shùth.

Gur e rebel e gu shàil
'S chan eil samhail fear mo ghràidh
Ri dol idir sios am Bràigh.

Biodh an seisean, biodh a' chléir,
Biodh an sionadh that a chéil,
Cha chuir sud no nì fo 'n ghréin
Eadar mi 's mo Chailean féin.

Bha troimhe-chéile ann an eaglais na sgìre aig an àm.

Murchadh MacPhàrlain

Thug iad a Thung thu

last two lines of v.7.

124

Bha tòrr aig a' bhàrd mu dheidhinn a' bhalaich bhig a bha 'n ath dhorus,
agus b'ann an uair a chaidh a thoirt a dh'fhuireachd gu taobh eile an
Loch-a-Tuath, a bhaile Thung, a rinn am bàrd an t-òran seo dha.

Rann   Gu dé ged a dh'éireadh a' ghrian
Gu dé ged a ghoireadh na h-eòin?
Ceòl fìdhle no pìoba cha dèan
Gean sùgraidh dhomh dhùsgadh dha m'dheòin.

Séisd   Thug iad a Thung a' bhradain 'a a' mhurain thu,
Thug iad a null a dh'fhuireach a lurain thu,
Null air an fhadhail mo bhalachan bàn chaidh,
A null air an fhadhail mo bhalachan bàn chaidh.

Gu dé ged a chinneadh mo bhàrr,
Lìonmhor ged dh'fhàsadh mo bhuar?
Cha lion is cha bhlàthaich siud d' àit'
As t-eughmhais tha fàs falamh, fuar.

Gur binne gu mór leam do ghàir
Na 'n ceòl thig o chlàrsach nan teud,
Na 'n uiseag air moch-mhaduinn Mhàigh,
Na chuthag 's gu-gùg aic' air ghéig.

Gur cùbhraidh na anail nan ròs
No sòbhrach nan cos 's i fo dhriùchd
No tùis ann an tùisear glan òir
Leam faoilt agus neo-chiont do ghnùis.

Biodh ainglean a' fair' ort 'nad shuain
'S do bhruadar gun bhruaillean, a ghràidh.
Builicht' ort gu robh 'n gliocas bho shuas,
'S gach subhailc ni 'n saoghal nas fheàrr.

Chaoidh do cholainn na agradh an Stàit
Gu bhith leatha 's na blàraibh ri spòrs,
Mar nach robh annad, a ghràidh,
Ach tàileasg le 'n cluichear air bòrd.

O sguiribh, luchd eanchainnean geur
Dheilbh léir-sgrios a dh'oidhche 's a lò,
'Ur n-eanchainnean cuiribh gu feum
Is fàgaibh mo bhalachan-sa beò.

Murchadh MacPhàrlain

Tobair, tobair, sìolaidh

Ann an teas an t-samhraidh bhiodh araon tobraichean agus fuarain ri fàs tioram, agus an lorg sin, uisg-òil na bu doirbhe fhaotainn. Nuair a bhiodhte feitheamh gus an lìonadh am fuaran, no'n tobair, bha e 'na chleachdadh a bhith cur a' mhuga air a bheul fodha anns an tobair agus ag radh, "Tobair, tobair sìolaidh; tha nighean an rìgh ag iarraidh deoch". Ma b' fhìor, bheireadh seo air an tobair lìonadh na bu luaithe.

126

Le mo chearcall 's mo chuman
Thug mi 'n turus bu dìomhain
Dha 'n tobair 'n diugh moch-thrath
'S neach eil' air a dèabhadh.

Séisd Tobair, tobair, siolaidh!
Tobair, tobair, siolaidh!
Tha nighean an rìgh ag iarraidh deoch,
Deoch rìoghail dhi na h-ìotadh,
'S na éireadh sàl o d-iochdar.

B'e seo a' bhun-obair
Feitheamh tobair gun drùgh innt,
'S mo bhuntàta gun phriogadh,
'S mo mhòine gun rùghadh.

Thig a dhìle bho mhaduinn,
Thig a dhìle bho oidhche,
Cuir le fìor-uisg air flod i,
Mo thobair, 's thoir dhuinn uisg.

Tha mo shnìomh agus m'fhighe,
Tha mo nighe gun dèanamh,
'S mi 'n seo 'na mo shuidhe,
Nuair dh'fhaodainn bhith gnìomhach.

Tha mo chrodh gun am bleoghan,
'S tha togte mo mhìosan,
Agus m' uachdar 's a' mhuighe,
'S mo ghruitheam gun dèanamh.

Tha na fir am Beinn Chailein,
A' bearradh nan caorach,
'S agamsa 'n diugh fhathast,
Dhol dha'n an tràigh mhaorach.

Dh'fhàg mi bhó anns na claisean,
'S goididh fochunn air fath i
Dh'fhàg mi cas-ghoil a' phrais air,
'S mór m'eagal gun tràigh i.

Dh'fhàg mo chagaran lurach
'S a' chreathaill 'na shuain mi,
Chan urrainn mi fuireach
Nas fhaide riut, fhuarain.

Murchadh MacPhàrlain

Mhòrag leat shiùbhlainn

Cha leig mo luaidh-sa
Leas rosgan fuadain
No snuadh na bùtha
Chur air a gruaidhean
No dath a cheannach
Gu dath a cuilein
'Se mar an canach
Aig sàil nam fuar-bheann.

Séisd   Mhòrag, leat shiùbhlainn
Gun chùram gu cùl na gealaich;
'S mìlse leam do phògan
Gu mór na na cìrean-meala;
D' fhaighinn dhomh mar òg-bhean
Mo dhòchas tha 'na do ghealladh.

A h-anail 's cùbhraidh
Na gàradh-ùbhlan,
An déidh a pògan
Bidh searbh an siùcar;
'S nuair bhios a h-éideadh
'Os cionn a glùin oirr'
Gur snasail m-eudail
'S ni cuirm an t-sùil oirr'.

Dh' fhalbhainn deònach
Gu ruige Geòrgia
'S shàthainn sleagh
Anns na mucan móra;
'S dh' fhuilinginn fuachd
Agus teas is dórainn
Chan agrainn duais
Ach, a luaidh, do phògan.

An uair a ghleusas i
Suas a h-òran
An uiseag théid i
'Na tàmh 's an smeòrach,
Is iad ri 'g éisdeachd
Ceòl nèamhaidh ró-bhinn,
Ceòl binn gun éislean
Bho beul a' dòrtadh.

129

O cuig' bhiodh fiamh ort
Nach coisninn lòn dhuit
Oir dheànainn iasgach
Is dh' fhighinn clò dhuit;
'S cha leiginn cliabh
Air do dhruim a Mhòrag
Ged bheirinn bliadhn'
Agus mìos gun mhòine.

Murchadh MacPhàrlain

Taladh nan Eilean

Eilean an Fhraoich eilean caomh mo ghràidh,
D'an tug mi gaol' nach dèan aois a chnàmh,
Measg t'fhearaibh buadhach 's do mhnathan snuadhmhor
Gur h-ait a ghluais mi fad chuairt mo là.

Tha gruagaich bhòidheach mu t-òb a' tàmh
Is gillean cròdh a bheir lòn á sàl,
Dhaibh guidheam sòlas, gun fhiamh gun fhòirneart,
Is cothrom còmhnaidh an tir an gràidh.

Is tric a sheòl mi Loch Ròg nam bàgh,
Nan eilean òirdhearc, nan tràghdan bàn,
'S ro mhór an sòlas mheal mis 'o m'òige
A' ruith mo gheòl' ann gu ciar nan tràth.

'S ged bhiodh a stuadhan car uair gun tàmh
'S iad bagrach gruamach le'n spuacan àrd,
'S ged dheidheadh ar fuadach le'n casadh buaireant'
Bhiodh sìth is suaimhneas an caladh 'n àidh.

Tha seirm nan smeòrach 'nam chluais an dràsd,
'Nad chreagan còsach a' seinn le àgh,
'S tha uiseag 's lòn-dubh le caithream cheòlmhor
A' sgiùrsadh bròn a dh'fhàg trom mo chàil.

Thriall àm ar n-òige mar cheò nan gleann
Air maduinn Og-mhios am measg nam beann,
'Sna càirdean còire bha dhuinn 'nan lòchran
Tha cuid fo'n fhòd dhiubh 'san còrr ro fhann.

Nis thàinig aois 's thig an t-aog 'na sàil,
Ach cha tig caochladh dhuit-s' air mo ghràdh
Gus an sìnear mi measg mo dhìlsean,
'S a' ghainmhich mhìnghil am bràigh na tràgh'd

Angus MacLeod (Aonghas a' Bhèiceir)
Carloway
Retired from the headmastership of Carloway School in 1953, and died at his home, Lìthir, Carloway, in 1974.

Clann an Fhéilidh (1914-18)

Seisd: Anna chinn duinn, nach teann thu nall,
'S gun seinn sinn rann air clann an fhéilidh,
Anna chinn duinn, nach teann thu nall.

'S ann an dùthaich nam beann fuara
Fhuaradh iad aig uair na feuma,
'S nuair a thàinig àm a' chruadail
'S ann bho thuath a ghluais na treun-fhir

132

Anns a' chath air muir 's air tìr
Sheas iad dìleas daingean treubhach,
Gillean cuimir calma cliùiteach
Thug gu'n gluinean luchd na h-eucoir.

Thall air raointean fuar na Frainge
Thachair call dh'fhàg mis' 'nam éiginn:
Measg nan diùlnach laigh 's an ùir ann
Bha m'fhear-iùil, mo rùn, mo cheudghaol.

Dh'fhàg sud iomadh màthair chiùin
Le cridhe ciùrrt gun dùil ri éirig,
'S móran mhaighdean mhaiseach chiatach
Le dubh-iargain air an léireadh

Cumamaid gu h-ùrar cuimhne
Air na suinn a thuit gun éirigh:
Lean iad dlùth re cliù an sìnnsear,
'S rinn iad ìobradh a bha spéiseil.

Sgaoil an cliù air feadh na h-Eòrpa —
Sàr fhir chròdha chruaidh nach géilleadh;
Bha iad dìleas gu uchd bàis,
Ach, och ma bha! mo chràdh 's mo léir-chreach!

Angus Macleod, Carloway

Maighdean mo rùin (no gràdh nach fàilnich)

Chorus Seinneam duanag do ghruagach àghmhor
Nam blàthshuil ciùin is nan cuailean àluinn,
'S e rùin do shùgradh a dhùisg mo ghràdh dhuit,
'S mi leat air àirigh an gleann an fhraoich.

134

'S ann tuath an Leódhas bha 'n òighe sgiamhach
D'an tug mi gaol nach d' rinn aois a chrìonadh,
'S ged ghluais sinn còmhla fad móran bhliadhnaibh
Cha tàinig blianadh air gràdh ar cridh.

Is lìonmhor maighdean ro chaoibhneil chàirdeil
A dh'éich suas leinn gun uaill gun àrdan,
Ach ann ad bhuadhan thug thusa bàrr orr,
'S an grinneas nàduir, is àilleachd gnùis.

Do bhodhaig bhòidheach bha còmhnard snuadhmhor,
Mar earb air mòintich bu chlis do ghluasad,
'S do mhànran caomh bha cho saor bho ghruaman
'S iad sud thug buaidh orm le gaol nach tràigh.

'S ged thuit ar crannchur air falbh bho chàirdean
An saoghal bhuaireant 'bha cruaidh le ànradh,
Gur tric, a luaidh, a rinn buaidh do ghràdh dhomh
Mo chridhe thàladh bho phràmh le tùrs!

Is iomadh tonn bhris gu trom le ghàirich
Air cladach liath Eilean Siar ar n-àraich,,
'S is lìonmhor cruaidhchas troimh 'n ghluais sinn sàbhailt
O'n thug mi gràdh dhuit an gleann an fhraoich.

Ach 'se dùrachd, ma chaomhnar slàint' ruinn
Ar ceum a stiùreadh gu Uig nan àrd bheann
'S ar réis a dhùnadh am mùirn 's an sàmhchar
Measg chàirdean gràdhach aig bàgh ar rùin.

Angus Macleod, Carloway

Do m' chéile

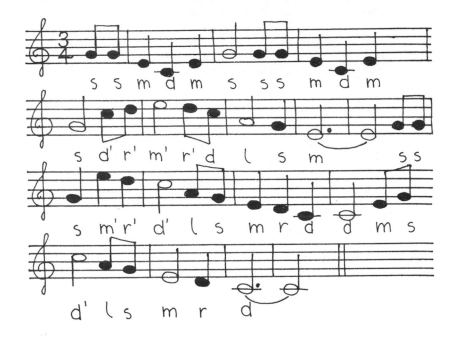

Mar a ghràdhaich mi thu
A chéile mo rúin
Le gach bith agus dùil 'nam chliabh:
Le gach buille chridh-beò
Le gach fèith tha 'nam fheòil
Cha deach aithris le beòil a riamh.

Do bhòidhchead, do shnuadh
Do bheusan, do shuairc,
Do dheagh-ghean is truas nach crian:
Cho fads' bhios mi'n tùs
Bidh mi 'g aithris do chliù —
'S tu an solus 'gam iùil nach ciar.

Anns an t-saoghal mu'n cuairt
Le dhóruin, 's le ghruaim
Le shòlas 's le bhuaireasan tìm
Anns gach àmhghair is càs,
Ann an tinneas no slàint
Bheir do chomunn an gnàth dhomh sìth.

Ged thig muthadh le tìm
Air a' cholainn bha sèimh
Ged thig preasladh air sìod' do ghruaidh:
Ged thig maille 'sa' cheum —
A bha aighearrach, treun,
O cha lughaich sin meud mo luaidh.

Do làmh 'na mo laimh
Ann an lànachd ar dàimh
Ni sinn cromadh a chum na crìch:
'S 'n uair a dh'eughar an uair
Ni sinn laighe gun luain
Ann an cadal bith-bhuan na sìth.

*John MacArthur (Iain a' Pholis-man) Bayble/Stornoway. Born 1918. The
first years of his teaching career took him to several schools in Lewis and in
Ross-shire, but most of his teaching was done in the two Stornoway
schools, first in the Nicholson Institute, and finally in the Stornoway
Primary, from which he retired as headmaster in 1978.*

Cuimhnich a ghille

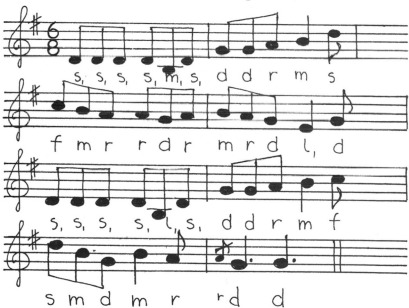

Cuimhnich a ghille a thig ás an dùthaich,
Steach dha'n a' bhaile is doill' air do shùilean,
An aire air an drama, mun gabh thu an smùid,
Ach seachainn co-dhiùbh na pàisdean.

Màdar air bilean is aghaidh lan flùir,
Bodhaig chaol, chuimir, 's 'thig thugam' 'na sùil?
Cromadh de sgiorta an crochadh ri tòin —
Bha barrachd air Eubha 'sa' ghàrradh.

Tur air do mhealladh le lainnir a soills'
Cha sguir thu de'n fhaghaid gum bi thu 'na cruidhean;
Mun canadh tu 'Beannaich mi' bidh tu fo'n chuing
'S cha bhi thu a chaoidh mar bha thu.

Cha nigh i, cha ghlan i, cha dheasaich i nì dhuit,
Eagal gum bris i na saigheadan ìnean;
'S tusa cho liugach mun toir iad an sgrìob ort,
Bith tu fo chìs nach fhàillnich.

Caidlidh i mhaduinn cho math ris an oidhch'
Thig thu bho t'obair 'si' toinneamh a cinn;
Am fàrdach mar chladach a sgapar le tuinn —
Bidh tusa ri caoidh do mhàthar.

Cuimhnich a' chaileag a dh'fhàg thu fo dheòir,
'S mun deach thu fo gheasaibh a gheall thu a pòsadh;
Dheanadh i marag dhuit 's bonnach mhin-eòrna,
'S bhiodh tu air dhòigh gu bràth aic'.

Iain MacArtair

Aimh-chrò

Bha iargan air m'anam
Air astaran aineol,
Bha samhradh mo latha fo sglcò;
'S mar ìocshlaint fhallain bha 'n abhainn a fhuair,
Sin abhainn mo luaidh, Aimh-chrò.

Chuala mi cagar
'Gam thàladh gu h-aithghearr
Le mànran is caithream gun ghò;
'S theich aonranachd m'anam, mar fhaileas fo'n ruaig,
Aig carthannas fuaim Aimh-chrò.

I fiaradh an tulaich
'S a' teàrnadh a bhruthaich,
Tha màthair a guire 's na neòil;
Ged thilleas an iomart a turus gu cuan,
That t'iomachd-sa buan Aimh-chrò!

Tha sonas 'na cuideachd,
Tha binneas 'na luinneig,
Chan fhidear thu mulad 'na ceòl;
Tha séisd a' chreachainn bho'n tharraing i luaths
Fo bhilichean bruaich Aimh-chrò.

Mo bheannachd, a shruthain,
Gur bith-bhuan do ghuthan,
A dhealaich bhuam sileadh an deòir!
Ged liathainn air thalamh, cha chaill mi mo luaidh,
Do abhainn nam buadh, Aimh-chrò.

Iain MacArtair

Solus an dealain

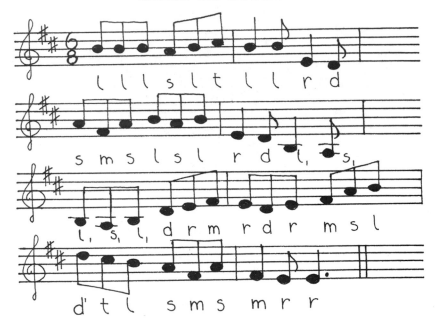

Solus an dealain an d'fhuair sibh e?
Tha móran de nàdur na h-uaisleachd ann,
Gun chàil ach an globa, gun shiobhag, gun ola,
Ach plug anns a' bhall' airson suathadh ris.

Bha cabhag air bodaich 's air cailleachan leis,
An dùil gu sàbhaileadh iad airgiod air,
'S 'n uair gheibh iad an dealan gun leugh iad na novels,
'S chan fhaigh sinn a chadal gu anmoch iad.

An cuala sibh mu'n chailleach bha'n Cléide?
'Nuair chuir iad na soluis gu léir air,
Mu àm dol a chadal chan fhaigheadh i as iad,
Is thàinig a' mhaduinn 's i séideadh orr'.

Cha b'urrainn domh 'n diugh gun bhi gàireachduinn
'S mi 'g éisdeachd fear de mo nàbuidhean,
'Se 'g iarraidh an dealan a chur do'n a' leabaidh
Gu casan na caillich a bhlàthachadh.

Tha leus 's an dealan tha mìorbhuileach,
Tha e math air son galair nan eun againn;
Thug mi seoca dha'n choileach an diugh anns a' mhaduinn,
'S tha cearcan a bhail' air an cliathadh aig'.

Tha 'm bail' againn air a dhol ainmeil leis
Mar tha na bodaich gu argumaid;
Tha móran de'n bharail 'nuair thig e do'n fhearann
Gun abaich an dealan an t-arbhar dhaibh.

Chan aithne dhomh móran nach dèan sinn leis,
Ni sinn nighe agus iarnaigeadh;
Chunnaic mi cailleach cur suaile 'na dosan,
Is bodach a' gearradh na fiasaig leis.

Tha plug anns a' bhall' airson iarnaigeadh,
Tha fear eil' aca stigh son an t-siataige.
Ma thig e do'n fhasan 's gu faigh sinne steach e,
Bithidh mise chrochait' gu liath mi air.

*Kenneth Macleod (Red) — mac Choinnich Ruaidh 'an 'ic Leòid 1899-
1977. He was about five years old when the family moved from Sheshader
to Bayble. Emigrated to Canada (Metagama), returned before Second
World War and settled in Bayble. Used his undoubted bardic talent and
native wit in his many compositions about happenings in the village.*

Oran nam fleasgach

'Nam shuidh an seo 'nam aonar 'sann thòisich mi ri smaointinn
Air gach fear a tha 'san t-saoghal de m' sheòrsa;
Mi ann an seo 'nam aonar gun duine thig 'nam thaobh
Seach nach d'thuit mi ann an gaol 'nuair bu chòir dhomh.

Tha mi nis air m'fhàgail ag altrumas mo mhàthar
'S math gu bheil an t-slàint' aice brònag;
Ged is iomadh batal cruaidh a bhios agam ri cur suas ris
'S ann ainneimh gheibh fear buaidh air an t-seòrs' ud.

Mo mhallachd aig an sgàthan tha 'g innse dhomh mar tha mi,
Mo chiabhagan cho bàn ris a' chòinnich,
'S am fad a tha 'nam aodann far na chleachd mi bhith 'ga chìreadh
Gun ghaisean ach a trì aig gach còrnair.

Ged tha mi gabhail iomnaidh airson gun deach mi iomrall
Chan e nach robh mi suirghe 'nam òige;
Thug mi còrr is ràithe, a' falbh le te á Arnoil
'S cha bhruidhneadh i air càil ach na h-òisgean.

142

Tha agam beagan airgid is tigh cho math 's tha 'n Alba
'S a dhol a dh'iarraidh searbhant cha chòrd rium,
Ach ni mi 'n àirde m'inntinn gum bruidhinn mi ri maighdinn
Is eagal orm gun caill mi mo dhòchas.

Tha mi math air sgùireadh is crochaidh mise cùirtear,
Ged nach do ghabh mi cùrsa mar chòcair;
'Se bhith fuine 'n aran flùir, bidh e leantuinn ri mo mheòir
Is gann gun ith an cù bho'n a' bhòrd e.

Mo chàirdean 'smo luchd-dàimh ag radh nach 'eil mi coimhleant,
Ma tha nach 'eil m'inntinn an òrdugh;
Gum faighinn blàths is coibhneas nam faighinn té fo'n chuibhrig,
Nach ruig orm a chaoidh mur a pòs mi.

Ma tha sin 'na fhìrinn cha bhi mi fad 'nam aonar
Oir nì mi h-uile dìcheall gu pòsadh;
'Se tha mi 'g iarraidh seann té a nigheas mo chuid aoidaich,
'S nach caidil ri mo thaobh, 's gun mi eòlach.

Coinneach Macleòid

Iasgach an Acha Mhóir

143

Nach ann a tha'n sonas aig bodaich an Acha
Nach ann a tha'n sonas aig bodaich 'n Ach' Mhóir;
An sonas a fhuair iad 'nan laigh' air a' chluasaig
'Sgun ni a' cur gruaim orr' ach fuaim a' chuain mhóir.

A Chaluim MhicArtair 's tu an dràsd' a dhùisg m'aigne
'S tu ag ìnnse cho sgairteil mu eachdraidh na h-òig'
Cho tric bhris thu 'n t-Sàbaid nuair bha thu 'nad phàisde
Snàmh bho bhàta gu bàta am bàgh 'n Acha Mhóir.

Chan eil bodach air àirigh an diugh nach 'eil bàt' aig'
O'n chual iad mu'n phlàigh thàinig a' bhàgh an Ach' Mhóir;
Gun robh turbaid ann lìonmhor 'san t-ucas 'na chliathan
Is bodaich 'n Toabh Siar ann ag iasgach nan ròn.

Mun robh thu ann fhathast greas a null ann gu h-aithghearr,
Tha'n t-iasgach ann farasd 'san Atlantic fo shròin
Tha ciùirearan Uige tighinn ann troimh'n mhòintich
'San t-airgiod cha chùinn iad 's iad dùint' 'sa' chlo-mhór.

Tha sinne fo thùrsa gun iasg anns an dùthaich
Ach am beagan thig ùr nall bho thaobh an Ach' Mhóir;
Gheibh iad giomach 's a' chrùbag am broinn nam poll mònach
'S gun glac iad na cnòdain le sgùil anns na lòin.

Bho'n chaidh an taigh-soluis a chur suas air an Acha
Tha cùisean nas fhasa do fhear a' Chuain Mhóir,
Oir ma chí iad an soills' aig' air toiseach na h-oidhche
Gum beir iad air pinnt an tigh-seinns an Ach' Mhóir.

Bha smac aig Iain Nèill ann mu'n deach e 'na chìobair
Cha robh crann innte dìreach na nì bha air bòrd;
Ged bhiodh pilot ga stiùireadh cha ghleidheadh i cùrsa
Bhiodh a toiseach an còmhnuidh 'null taobh 'n Acha Mhóir.

A Chaluim mo charaid cha téid mi nas fhaide
Mun do rinn mi do mholadh cha b'ann de mo dheòin
Is ma dh'ionnsaich thu snàmh 'nuair a bha thu 'nad phàisde
'Sann an sgrioban buntàta ann an tràthach Ceit Mhóir.

Coineach Macleòid

Na 'n ceadaicheadh an tìde dhomh

Na 'n ceadaicheadh an tìde dhomh
'S gun innsinn e do chàch
Mar a mheall an saoghal mi
Le faoineasan gun stàth,
'Nuair bha mi meadhon sòlais
Le mo theaghlach òg 's iad slàn,
Is mar a chaidh an sgapadh uam
Le freasdal is le bàs.

Mo chridhe gheall e móran dhomh
'N uair bha mi òg is faoin;
Gheall e iomadh seòrsa dhomh
De shòlasan an t-saogh'l;
Gheall e 'n uair a phòs mi dhomh
Gu 'm bithinn beò gu aois,
Gu 'm biodh gach nì mar dh'òrduichinn,
'S mo chòmhnuidh ri mo thaobh.

Fàsaidh smal air òr
'S fàsaidh còinneach air an aol;
'S théid a' ghrian a chòmhdachadh
Le ceò is le droch thìd',
Na lusan 's bòidhch' 's an t-Samhradh
Bheir an Geamhradh gu neo-bhrìgh,
Ach gaol far 'n deach a dhaigneachadh
Cha téid air chall an tìm.

Ged sheargadh craobh 's a' Gheamhradh
Bheir an Samhradh oirre fàs,
'S bidh na h-eòin a' seinn oirre
Deanamh aoibhneis leis an àl;
Ach bithidh mo chlann fo chianalas
Gu bheil 'gan riaghladh càch,
'S am màthair 's i gun sgial oirre,
An sgiath fo'm biodh iad blàth.

Sgapar clann gun mhàthair,
Cha bhi càch dhiubh gabhail suim,
Dh'aindeoin dé cho àlainn
'S a bha 'n t-àl 'nuair bha e cruinn;
'Nuair bhios mi smuaintean Màiri,
Bha cho gràdhach air a' chloinn
Dé'n t-ìongnadh ged a dhrùidheadh
Air mo shùil le bùrn mo chinn?

William Mackenzie (Uilleam Dho'ill 'ic Choinnich), crofter-fisherman of Shader, Point. Born 1857. After the death of his wife, the family emigrated to Canada. He died in Fort William, Ontario, in 1907. A collection of his songs and poems was published in "Cnoc Chùsbaig" in 1936.

Gaol na h-òige

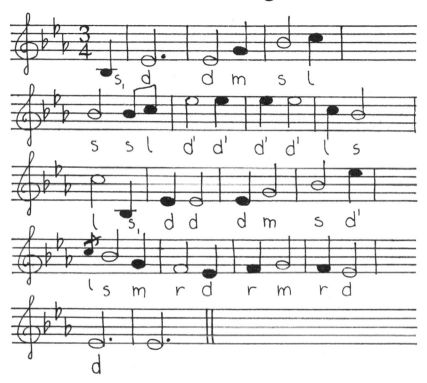

Bidh mi smaointinn gaol na h-òig'
'S an òigh thug mi á Garrabost,
Gun tug sinn fichead bliadhna pòsd'
Ach brònach chaidh ar dealachadh.

Thug sinn fichead bliadhna pòsd'
Is bha sinn òg ri leannanachd,
Is 'nuair a b'fheàrr a bha ar dòigh,
Nach brònach rinn sinn dealachadh.

Ach 's e dhealaich sinn am bàs;
Cha dèanadh càil dhuinn d'fhalach air,
Bheir sud an dachaidh chum an làir,
'S mo phàisdean théid air allaban.

147

Anns an dachaidh bh'aig a' bhàrd,
'S aig Màiri nighean Alasdair,
O'n rinn an dealachadh am bàs,
Bidh tràthach air a' chagailt ann.

Chan ìongnadh ged dh'fhàsainn liath,
'S mo chiabhagan bhith tanachadh,
Ma thèid mi tarsuinn air an t-sàil',
'S 'ga fàgail ann an Aiginis.

Cha d' smaoinich sinn a riamh 's i beò,
Gu'm biodh cuan mór 'gar dealachadh,
Gu'm biodh i adhlaicht' air an Aoidh,
Is mis' fo chraoibh an Canada.

Ged a gheibhinn so de'n òr,
Mo chudtrom 's tòrr a bharrachd air,
Bha mi na b'fheàrr an taobh Choc-Chùsbaig,
Le mo rùn mus d'dhealaich sinn.

William Mackenzie (Uilleam Dho'ill 'ic Choinnich) Shader, Point.

An téid mi tuilleadh a Leódhas?

Seisd: An téid mi tuilleadh a Leódhas,
An téid mi dh'fhuireach no shealltainn?
An téid mi tuilleadh a Leódhas,
No'm faigh mi gu bonn Cnoc Chùsbaig?

149

'S ann ann bha mo mhàthair 'g am àrach 's mi òg,
'S ann ann bha na làithean a b'fheàrr bha mo dhòigh
'S mi ann le mo Mhàiri 's mo phàisdean 's iad òg,
Eadar a' Bhuail-fheòir 's Cnoc Chùsbaig.

Chan eil iasg thig air dubhan no shiùbhlas an cuan
Nach bi 'n ám an Earraich tighinn bho'n ear is bho thuath,
'S chaidh iomadach eallach air maduinnean fuar'
Dhe na ghlac mi chur suas á Cnoc Chùsbaig.

Bha crodh agus caoraich 's tigh saor agam ann
'S mi cumail mo chrìche ri taobh Dhòmhnuill Dhuinn,
Nuair thigeadh droch thìde le gaoth bhàrr nan beann
Bhiodh sinne fo bhonn Cnoc Chùsbaig.

'S ged thigeadh i 'n Iar-dheas le sian feadh na h-oidhch'
'S i leagadh nan croabhan 'n an slaod air an fhonn,
Cha tugadh i sìthean á raoin Dhòmhnuill Dhuinn,
'S e fasgadh ri bonn Cnoc Chùsbaig.

Tha beanntan an Leódhas tha bòidheach is àrd;
Cha bhuain iad an t-eòrna no pòr air am bàrr,
'S ged shiubh'lteadh a Mhòr-thir bho Iain Gròt gu Ceann
t-sàil
Chan fhaicear nas fheàrr na Cnoc Chùsbaig.

William Mackenzie (Uilleam Dho'ill 'ic Choinnich) Shader,
Point.

Togail cùrs air Leódhas

Tugainn leamsa 's dèan cabhaig 's théid sinn thairis a null,
Dh'eilean uasal na Gàdhilg rinn ar n-àrach 'nar cloinn;
Tìr nan treun-fhear is calma choisinn ainm a measg Ghall,
'S théid sinn còmhla a leannain thìr an rainich a null.

Ni sinn gluasad gu dàna suas na bràighean 's na caoil;
Gheibh sinn aiseag gu sàbhailt null gu àite mo ghaoil;
'S nuair a bhuaileas i 'm bàgh ann chluinn thu Ghàidhlig
gach taobh,
'S gheibh sinn aoigh agus fàilt 'n eilean bàigheil an fhraoich.

Chì thu muir, chì thu mòinteach, chì thu mhòine mu'n
cuairt,
Chì thu cnuic ghlas is leòidean air am b' eòlach sinn uair;
Chì thu machraichean còmhnard 's tha gu leòr dhiubh air
tuath
Ann an Nis, àite bòidheach, 's thogadh òg ann mi suas.

Nuair thig sèimheachd an t-samhraidh 's e 'n taobh thall àit
as bòidhch',
Bidh gach struthan le sunnd air 's aig gach alltan bidh ceòl;
Bidh gach neòinean is flùran ri dùsgadh 'nan glòir,
'S thig am feasgar 'gan crùnadh le ùr-dheal is ceò.

Chì thu Siùmpan tha aosmhor air aodann nan stuagh,
'S tric tha sholus toirt saorsainn do na laoich tha air chuan;
'S iomadh bàt' bh'air a sgiùrsadh 's i gun chùrs' ri droch uair
Rinn an soills' ud a stiùireadh steach an cùiltean Loch-a-
Tuath.

Chi thu iasgairean tùrail 's fheàrr air stiùireadh 's cur lìon,
Mach á cladach Phort-nan-Giùran, b'e sud cliù bh' ac' a
riamh;
Sud am baile rinn d'àrach 's fhuair thu gràdh ann is dìon,
'S chì thu 'n dachaidh a dh'fhàg thu mar a bha i bho chian.

'S nis nach aontaich thu rùin leam 's dèan co-dhunadh air
ball,
Leig do shoraidh gun smuairean le dùthaich nan Gall,
Dol gu fearann ar sìnnsir bha cho strìtheil 'na cheann,
'S nì sinn tàmhachd 's an tìr sin gus an sìnear sinn ann.

*Dòmhnull Mac Ghille Mhoire (Geinnídh) Na Cóig Peighinnean,
Nis.*

'N téid thu leam mo nighean donn?

Seisd: 'N téid thu leam mo nighean donn
Falbh thu leam gu tìr mo rùin,
'N téid thu thairis leam thar thonn
Null gu eilean donn an fhraoich?

Tha gach abhainn sruth is allt,
Siubhal mall gu tràigh a' chuain,
'S bidh na h-eòin le ceòl nach gann
Madainn shamhraidh air am bruaich.

Tha gach nì a th'ann ri fàs
Ri toirt sàsachadh do'n t-sluagh
'S cha bhi dìth oirre gu bràth
Fhads bhios àiteach ann is buain.

Chì thu cladaichean 'n Taoibh Siair
Maise riaghladh anns gach àit';
Air gach cnoc is gleann bidh sgiamh
'Nuair a bhios a' ghrian cur fàilt.

Dh'aindeoin àit' 'san robh mi riamh,
Ged a thriallainn an Roinn-Eòrp'
'Se na Cóig Peighinnean mo mhiann,
'S ann a dh'iarrainn crìoch mo lò.

Donald Morrison (Geinnidh) Na Cóig Peighinnean, Nis

Oran a' bhiuthagain

Seisd   Siud agaibh thall e, thall e,
Seo agaibh thall e, thugaigh e,
Siud agaibh thall e, thall e,
'N air' air 'ur ceann bho'n bhiuthagan.

Tha 'n tuath a' togail a cinn,
Tha fasanan Gallda cumant'
'S an innleachd mu dheireadh a th'ann
'Se chanas a' chlann ris biuthagan.

Dh'fhalbh mi mach feadh na h-oidhch'
Gun solus gun soills' ach rionnagan,
Shaoil leam gum faca mi taibhs',
Gu dé bha ann ach biuthagan.

Càit' 'n deach a' mhodhalachd chiatach?
'S i bha riamh 'n am chuideachd-sa —
Dh'fhalbh i, theich i le nàire,
'S thàinig 'na h-àite 'm biuthagan.

Ged a b'e ministear fhéin e,
Ged a b'e 'n t-éildear urramach
Ged bhiodh a' ghealach 's na speuran
Laiste ris gleus de'n bhiuthagan.

Malcolm Mackay (Calum Ruairidh) Bragar 1866- c.1940.

Oran a' mhagarine

'S mór a tha mo dhiùmbadh ri sùgh a' chruidh neònaich,
An t-ìm a thug na ceannaichean dhuinn dhachaidh as an Olaind
O's mór a tha mo dhiùmbadh ri sùgh a' chruidh neònaich.

Tha cuid ag radh g'eil stamhan ann,
G'eil feamainn dearg a' chladaich ann,
Cuid eile gur e blanaig na muic' mara th'ann an tòrr dheth;
O's mór a tha mo dhiùmbadh ri sùgh a' chruidh neònaich.

156

An t-ìm as fheàrr a fhuaradh ac'
Gu bheil e bonn 's a luach oirnn,
Gu'n dùisg e orm-sa gruaimean chur air uachdar aran eòrna;
O's mór a tha mo dhiùmbadh ri sùgh a' chruidh neònaich.

Biadh nan Gall cha chaomh leinn e
'Se dh'fhàg iad fhéin gun chlì annta,
Cha mhoth' iad na na sìthichean tha 'n taobh na Beinne Móire
O's mór a tha mo dhiùmbadh ri sùgh a' chruidh neònaich.

Bidh e'n còmhnuidh 's fiamh air,
Agus feagal roimh an sgian air,
Is chan iarr e bheag a liacaradh gu leudaich e gun òrdugh;
O's mór a tha mo dhiùmbadh ri sùgh a' chruidh neònaich.

Cha b'ann an tìr nan àrd-bheannan
A rinneadh an t-ìm a shàraich mi,
Cha d'rinneadh air an àirigh e no'n àit' a b'aithne dhòmh-sa;
O's mór a tha mo dhiùmbadh ri sùgh a' chruidh neònaich.

Malcolm Mackay (Calum Ruairidh) Bragar 1866- c.1940.

'Se Siabosd as bòidhche

'Se Siabosd as bòidhche,
Far na thogadh òg mi suas,
Far 'bheil na cruachan mònadh,
'S na beanntan mór mu'n cuairt,
N h-eòin bheaga 's ceòl aca,
Air mòintich seinn an duan,
Bidh coileach fraoich 's smeòrach ann,
Gu'm b'eòlach mis' oirr' uair.

158

Tha gàraidhean 'us buailichean,
Bh'aig sluagh nach 'eil 'n diugh beò
A nis 'n an tulaich uaine,
Air an cuartachadh le feòir;
Fo iomall na Slaig Luaraich,
Bha mi 'm bhuachaill ri crodh mór,
Measg ghillean agus ghruagaichean
An uair a bha mi òg.

Chi thu 'n crodh cho sgiamhach ann,
Le piatanan laoigh òg,
Air àirighean 'g an riarachadh,
Measg fionaich 's canach mór,
Na caoraich 's iad cho sgèanach ann,
Air liana 'g ith' an fheòir,
'S a chiall na h-uain a' mèalaich ann,
Gur brèagha leam an ceòl.

'Se cuimhne 's òige th'agamsa
Air Leódhas bhi làn spréidh;
Air buachailleachd a b'eòlach mi,
Làn sòlais bha mo cheum,
A measg nan gruagach bhòidheach,
Le òran aig gach té,
Na banachaig dol gu mòintich ann,
A' tarruing feòir an cléibh.

*Murdo Macleod (Murchadh 'an 'ic Dhòmhnuill Bhig) Shawbost. Served
in the Merchant Navy. Died 1924.*

An téid thu leam air bhàrr nan tonnan?

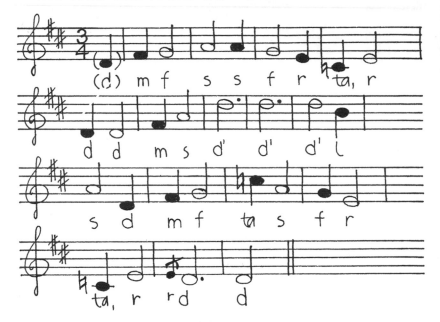

An téid thu leam air bhàrr nan tonnan
No 'n toir thu dhomh gealltainn
An téid thu leam dha'n an long chogaidh
Gus an tog thu m'inntinn.

Saoilidh balaich bhios ri céilidh
'G éisdeachd ris na chluinn iad
Nach eile ceàrd as fheàrr na'n Néibhi
Gus an téid iad innte.

Innsidh mise lagh an Néibhi;
'G éirigh feadh na h-oidhche,
Mur a freagair thu cheud eubha,
Ceusaidh iad fo chuing thu.

Chunnaich mis' am bruadar cadail
Mo leannan a bhith làimh rium
'S an uair a dhùisg mi as mo shuain
Bha'n deice chruaidh fo m'ùilnean.

Thoir mo shoraidh gu mo leannan
'S gu gach caileag aoibhneach
Is innis dhaibh ma bhios mi maireann
Nach dèan Sasainn Gall dhiom.

Soraidh leis gach cnoc is leathad
A bha 'na mheadhon caoidh dhomh,
Far an d'fhuair mi m'àrach òg
An Siabost an Leódhas.

Murchadh 'an 'ic Dhòmh'ill Bhig (Shawbost)

An té bhàn

Seisd   Té bhàn, té bhàn, té bhuidhe bhàn,
Té bhàn a rinn mo bhuaireadh,
Cha chreid mi fhìn nach fhaigh mi làmh,
Té bhàn as àillidh cuailean.

Gur mis' tha cianail 'n a mo thàmh,
An tràth so ort a' smuaintinn,
Na'm biodh an cuan 'n a thalamh tràight',
Gu'n ruiginn tràth Di-luain thu.

Bho rinn mi gluasad as an àit,
'S an robh mi làmh ri m'ghruagaich,
The m'inntinn luaisgeanach gun tàmh,
Gun chàil a thogas suas i.

Na'm bithinn-sa mar eala bhàin,
A shnàmhas thar nan cuantan,
Gu 'm bithinn oidhche ruit-sa làmh,
'Us càch 'n an cadal suaimhneach.

Gach eala bhàn a théid air snàmh
Gach faoileag bhàrr nan cuantan,
A' giùlain uam-sa soiridh slàn,
Do 'n àit' 's am bheil mo ghruagach.

Gach creag 'us allt 'us cnoc 'us gleann,
Air feadh nam beann 's na ghluais sinn,
'Toirt fianuis air na thuirt sinn ann,
Ma bhios an bann air fhuasgladh.

*Rev Murdo Smith: born at Leurbost 1880, taught in Ladies'
Highland Association Schools at Airdmhuirlidh, Loch Sciport,
Loch Euraboll, Gramasdal; later in life he entered the ministry of
the Church of Scotland, and served at Broadford, Berneray and
Griminish, and finally as assistant to the late Rev Roderick
Morrison, High Church, Stornoway. He died at Leurbost in 1936,
at the age of 58.*

An Gàidheal a' fàgail a dhùthcha

Tha m' inntinn trom fo luasgan,
'S mi gluasad as an àit';
'S an robh mi òg a' buachailleachd,
Bho ghluaisinn 'n a mo phàisd'.
Air feadh nan gleann 's na mòintich,
'S am bheil na h-eòin le' n àl
'Sna srathan glasa bòidheach
Far 'n goir an smeòrach tràth.

'S e 'n diugh 'cur ruit mo chùlaibh
A dh'fhàg fo dhriùchd mo ghruaidh,
Na deòir a' ruith fo m' shuilibh
'N uair 'bheir mi sùil m'un cuairt;
'S a chì mi far am b' àbhaist
'Bhi 'g àiteach 'us a' buain,
An diugh a bhith 'g a fhàgail
Gu dhol a thàmh thar chuain.

Carson nach gabhainn còmhnuidh
Far 'n thogadh òg mi suas
Oir cha bhiodh dìth mo lòin orm
An Leódhas nam beann fuar?
Tha bradan agus fiadh ann;
Tha iasg gu pailt 's a' chuan;
'S tha 'm fearann beartach bòidheach
A chinneas pòr le luach.

Ged is cruaidh an tràth so
Bhith fàgail tìr nam beann,
Bidh sùil agam gach tràth ris
Gu'n tàrr mi sgrìob a null.
A dh' amharc air mo chàirdean
Tha tàmh a measg nan gleann
'S an ribhinn òg, 's mo ghràdh-sa
A thoirt thar sàile leam.

Tha 'n ùin' a nis air dlùthachadh
'S na siùil air an cur suas
Airson ar curs' a' stiùireadh
An aghaidh smùid a' chuain;
Sinn 'crathadh làmh gu brònach
'S na deòir a' ruith gu luath;
O! soraidh slàn le Steòrnabhagh
'S le Leódhas nam beann fuar.

Rev Murdo Smith (Leurbost)

Coinnichidh mi an gleann an fhraoich

165

Nuair dh'iathas ceò an fheasgair dlùth
Cur smùid air bhàrr nam beann,
'S an crodh bho'n innis cnàmh an cìr
Cho sgìth a' tighinn do'n ghleann;
'Nuair bhios a' bhanachaig 'm beul na h-oidhch'
Do'n laoigh toirt deoch le mèoir,
Coinnichidh mi an gleann an fhraoich
Mo ghaol, mo rìbhinn òg.

'Nuair bhios a' ghrian 's an àirde 'n Iar
Dol sìos aig crìoch an lò,
'S a' cur an soills' air feadh nan sliabh,
'S a sgiamh air dhreach an òir;
'S nuair bhios na caoraich leis na h-uain
Cho suaimhneach aig a' chrò,
Coinnichidh mi an gleann an fhraoich
Mo ghaol, mo rìbhinn òg.

'S ged bhiodh air an fheasgar gruaim
'S an t-slighe buan gu leòr
Is tuinn nan loch a' flodraich fuar
Le'm fuaim a measg nan còs,
Gu'n dèan na thug mi dhuit de luaidh
An ruaig chur air gach bròn;
Coinnichidh mi an gleann an fhraoich
Mo ghaol, mo rìbhinn òg.

Tha bàt' na smùid do'n chala dlùth,
'S gach ròp is stiùir air dòigh,
'S nuair ruigeas i leam tìr mo rùin
'S an robh mi 'n tùs mo lò,
'S an anmoch chiùin nuair bhios gach flùr
'S an canach ùr 'n an glòir,
Coinnichidh mi an gleann an fhraoich
Mo ghaol, mo rìbhinn òg.

*Murdo Morrison (Murchadh a' Bhocs) Siadar a' Chladaich and Niagara
Falls, 1884-1965. His poems and songs were published in "Fear-siubhail
nan gleann" in 1923.*

Duanag an t-saighdeir

Fo ghruaimean cha bhi mi 'n diugh
Ged 's cruaidh oirnn an latha so;
Fo ghruaimean cha bhi mi 'n diugh,
Ged 's fhada muigh a tha sinn.

167

Gur minic bhios mi cuimhneachadh
Nuair 's cruaidh a thig an oidhch' oirnn,
Cho tric 's a bha mi aoibhneach leat
Aig Loch-na-craoibhe, Mhàiri.

Gu cinnteach 's cruaidh an aimsir so.
Ri cath an nàmhaid Gearmailteach;
'S an sàs 's a' chuid as garga dheth
Tha Gàidheil Alba, Mhàiri.

Tha cuid as fhiach an ainmeachadh,
Air feadh an t-saoghail 's ainmeil iad,
Na balaich bheaga ghorm' againn,
A ghléidh an fhairge, Mhàiri.

Tha fios gu'm fàg so cianail sibh,
'S 'ur smaointean oirnn a' bhliadhna so;
Chan fhaic sibh aig an iasgach sinn,
'S cha chuir sinn sios am bàrr dhuibh.

So àm bhith dìon ar rìoghachd dhuinn;
O, guidhibh sinn bhith dìleas ann;
Gus an laigh iad dìblidh dhuinn
Cha ghabh sinn sìth, a Mhàiri.

Murdo Morrison, Shader, Barvas

O'n dh'fhàg thu mi 's mulad orm

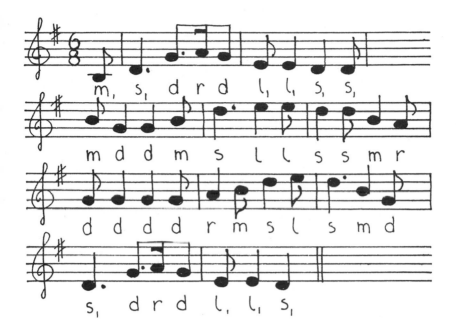

O'n dh'fhàg thu mi 's mulad orm
'S duilich as do dhéidh mi,
An uair bha dùil gu leanadh sinn
'Se dealachadh a b'fheudar.
O'n dh'fhàg thu mi 'si mulad orm.

Chan e 'n aois tha liathadh mo chiamhagan cho glé-gheal,
No siaban nan tonn fiadhaich no'n Cuan-a-Siar le bheucaich.
O'n dh'fhàg thu mi 's mulad orm.

Ged a gheibhinn caileag, té cho beartach 's tha 'n Dùn Eideann
Gum b'fheàrr leam Seonaid Alasdair*, 's cha chaillin air an fhéill i.
O'n dh'fhàg thu mi 's mulad orm.

Dìreadh staidhre Gharraboist bu shnasail thu 'na d'éideadh
An riobhadh bha 'na d'ghruaidhean a' buaireadh mo chéille.
O'n dh'fhàg thu mi 's mulad orm.

Cha b'e meud do stòrais a dh'fhàg cho mór 'nad dhéidh mi,
Ach thu bhith laghach dòigheil, is phòsainn thu ro' th'eile.
O'n dh'fhàg thu mi 's mulad orm.

169

Gur mise bha gu h-aigeannach ri pasgadh a cuid bhréidean
'N uair chuala mi an eachdraidh aig a' Chaiptean 'se ga leughadh.
O'n dh'fhàg thu mi 's mulad orm.

'S mise tha gu cràiteach a' falbh air Sràid Jamaica,
'S mi smaointinn thu bhith càirte fo na fàdan 'snach éirich.
O'n dh'fhàg thu mi 's mulad orm.

Norman Murray (Tarmod Mhurchaidh 'ic Choinnich) Upper Bayble.

*Janet Montgomery (Seonaid Alasdair), aged 17 years, one of two girls from Sheshader drowned in River Creed, as it enters Loch a' Chlachain, August 1st, 1870.

The song was composed by Norman Murray while serving as a ship's carpenter. He returned to Lewis after hearing of his sweetheart's tragic death and visited Janet's mother, to whom he gave the song. He made another voyage, during which he took ill and died. He was buried at sea.

Balaich an iasgaich

Seisd Fàilte gu fearann air balaich an iasgaich
Iomradh, is tarruing is gearradh a' bhiathaidh;
Coma leam leabaidh no cadal no biadh
Gu faigh mi mo lìon an òrdugh.

170

Tha'n geamhradh cho fada 's an gaillionn cho cruaidh,
Droch shìde le cabhadh, clach-mheallain is fuachd,
Cha mhór tha chur-seachad aig balaich 'an Ruaidh
Ach céilidh is bualadh eórna.

Thig an Fhéill Phàruig mu'm pàigh sinn na fiachan
Ri dorghach nam biorach air slios an Taoibh Siair;
Tha prìs air an langainn an Sasuinn am bliadhna
'S gheibh mi mo lìon an òrdugh.

Bidh riasladh is màladh air ràmh agus cliabh
Gun iaradh no tàmh eadar àiteach is lìon;
Thug Cailean a làmh dhomh na'm paigheadh an t-iasg
Gu faodainn Cairstìona phòsadh.

'Si leabaidh as fheàrr leam na gàbhadh nan tonn;
Tha plaide mo mhàthar 's mo làmh fo mo cheann
Na's fheàrr na bhith lapadh ri fasgadh nan crann
Ag éisdeachd ri srann nan ròpan.

Sud agaibh na balaich nach gearain air cruadal
Sìnt' air a' bhallaist gun pheallaig m'an uachdar,
Cóignear no seisear 's an lethcheann air cluasaig,
Ulpagan cruaidhe Cheòsain.

'Nuair thig sinn á Gallaibh 's a thogar am bàrr,
Bheir bùth Sheumsis Chaluim dhuinn preasain air dhàil;
Bidh dùil 'am bho Chailean ri feannag no dhà,
'S bheir m'athair a' phàirc is bó dhuinn.

Nam faighinn Cairstìona chan iarrainn a chaoidh
Ach bothan beag riabhach is sìoman m'a dhruim
Sabhal is bathach is stàbhag bó-laoigh,
Gearran beag donn is òisgean.

*Donald Morrison (Dòmhnull 'an Moireasdan) Bragar and Duluth.
Died Duluth, 1951.*

Fàilte do dh'Eilean Leódhais (O nach àghmhor)

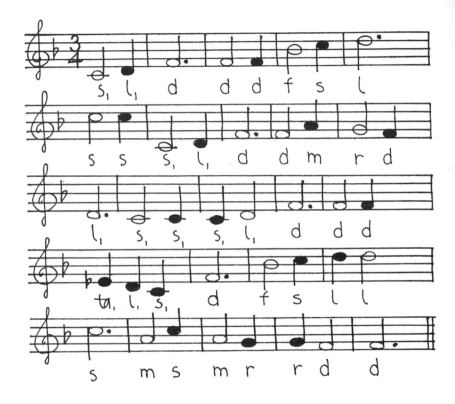

O nach àghmhor a nis bhith fàgail
An àite taimh so 's ri dol a sheòladh;
Le cridhe suaimhneach tha mi ri gluasad
Gu eilean suairce nan cruachan mònach.

Ged tha'n tìr so ro-thlachdmhor rìomhach
Tha iomadh dìth oirr' tha dhomh 'na dhóruinn
Chan fhaigh mi'n fhaochag na'n duileasg caomh ann
Cha bhuain mi maorach na fraoch nan mór-bheann.

Fhuair mi m'àrach am baile Lionail
A laigheas sgiamhach an Eilean Leódhais
'S a dh'aindeoin bòidhchead gach àite thriall mi
'S ann ann a dh'iarrainn gu sìorruidh còmhnuidh.

Tha Mùirneag ainmeil is Beanntan Bharbhais
'Nuair ni thu falbh ás chì thu mar cheò iad
Tha iad na's àirde os cionn gach àite,
Tigh soluis là iad do'n bhàt' tha seòladh.

'S a rìbhinn mhaiseach ged dhèanainn rann dhuit
A chaoidh cha gheall mi do thoirt á Leódhas
O'n tha mi cinnteach nach biodh tu aoibhneach
Gach là is oidhche a' caoidh do chòmhnuidh.

Ni mi co-dhùnadh na duanaig fhaoin so
Le mìle dùrachd do dhùthaich m'eòlais
Is ma bhios cùisean dol mar a lùiginn
Bidh mi ri stiùireadh mo chùrs' a Leódhas.

Alex M Nicolson (Billy an Fhiosaich) Lionel. Joiner to trade, spent many years in America, but had returned to Lewis before his death in 1916.

Caidil m'ulaidh

Seisd Caidil m'ulaidh, caidil m'uan,
Sùilean m'eudail dùin an suain;
Luasgadh mulaid a' mhuir-làin
An sìor-dhùrdanaich air tràigh.

174

Thig a chulaidh, thig a luaidh,
Thig i sitheadh uchd a' chuain;
Bheir i thugam e gu slàn
Sgiobair mara nan seòl àrd.

Bheir e dhachaidh leis gu fìor
Usgraichean á iomadh tìr,
Caidil m'ulaidh, dùin do shùil,
Tha e tighinn, thig a rùin.

Caidil thusa, cadal sèimh
Sùil a' faire shuas air nèimh;
Dùin do shùilean beaga caomh
Caidil suaimhneach ri mo thaobh.

*James Thomson, (Seumas Dhòmhnuill Tamsoin), born in Tong.
After serving in the First World War, was for many years head of
the Gaelic Department in the Nicolson Institute, before moving in
1922 to be Headmaster at Bayble, where he continued till his
retirement in 1953. He then moved to Edinburgh, where he died in
1971. A noted Gaelic scholar, he edited a collection of Gaelic
poems for Secondary pupils in "An Dìleab", and later in 1953, a
collection of his own poems in "Fasgnadh". He was the first to be
crowned bard by An Commun Gàidhealach (Inverness Mod,
1923) and was co-editor of the original "Eilean Fraoich".*

Tionndaidh am bàt'

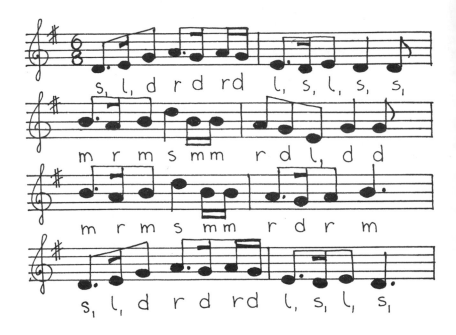

Tionndaidh am bàt' agus till leam a null,
'S a dh'ionnsuidh mo phàisde gun téid mi le fonn,
Dèan gluasad gun dàil gum faigh mi a geall,
Tionndaidh am bàt' agus till leam a null.

A dh'aindeoin 's na thriall mise, deas agus tuath,
Chaoidh chan iarr mi á baile mo luaidh,
'S ann tha mo rùn-sa a' gabhail gach là
'S tha làrach a ceum far na dh'éirich i'n àird.

'Gad ionndrainn, 'gad ionndrain, 's mi seòladh a' chuain,
Chan eil maduinn no oidhche nach 'eil thu 'nam smuain;
'Gad choimhead 'nam dhùsgadh, 'gad chiomhead 'nam shuain,
O, fiamh do ghnùis 's e dhrùidh mi a luaidh.

'S ma leanas tu mise 's gum faigh mi do làmh,
Ni sinn ar slighe chun an altair gun dàil,
'S ann an sin bhios an ceangal bhios daingeann, a ghràidh,
'S bheir sinn bòidean a' phòsaidh a sheasas gu brath.

Murdo John Morrison (mac Gheinnidh) Ness.

Cailin 'n fhuilt bhàin

Tha mi fo leòn, fo bhròn 's mi fada bho m' rùn;
Tha mi fo leòn, fo bhròn 's mi fada bho m' rùn,
'S mór m'eagal gach uair nach buannaich mise do ghaol,
A chailin 'n fhuilt bhàin a dh'fhàg mi'n Eilean an Fhraoich.

Tha'n oidhche nochd fuar, a luaidh, 's gur fada bhuat mi;
Cha léir dhomh an cùrs le smùid na mara 'nam shùil,
Tha beanntan de'n fhairge 'g éirigh orm air gach taobh
'S mo smuain an te bhàn a dh'fhàg mi'n Eilean an Fhraoich.

'S iomadh ceum guanach uallach ghabh mi leat sràid
A' coiseachd ri d' ghualainn, luaidh, bu mhath leam bhith ghnàth,
Ag éisdeachd ri d' chòmhradh ceòlmhor, carthannach tlàth,
Nuair bha mi glé òg, 's mi 'n tòir air cailin 'n fhuilt bhàin.

177

Mar ìobharaidh 's bòidhch' tha'n deud tha'm bannas a beòil,
Mar chanach 'na ghlòir tha slios geal fallain gun ghò;
Tha gruaidh mar an ròs fo dhriuchd na maidne as bòidhch'
'S a nàdur glan ciùin, gun fhéill, gun smal air bho h-òig.

'Nuair théid mi gu tàmh 's a dhùineas cadal mo shùil,
Bidh mi bruadar gach tràth gach sòlas bh'agam ri taobh;
Bidh h-ìomhaigh làn bàigh a ghnàth fo shealladh mo shùl,
'Se sin an té bhàn a dh'fhàg mi'n Eilean an Fhraoich.

Murdo MacDonald (Murchadh Sheumais) Melbost, Borve.

Ghruagach air an robh mi'n geall

Seisd   Ghruagach air an robh mi'n geall
          Gruagach òg an òr-fhuilt ghrinn
          Gruaidh mar chaorann 's iad air chrann
          'S gil' i na sneachd òg nam beann.

          Dol a mach dhuinn mu'n an Stuigh
          'Nuair a sheat sinn rith' na siùil
          Air dhomh sealltainn air mo chùl
          Gun shil mo shùilean mar na h-uillt.

Nuair thàinig m' uair-sa aig an stiùir
Gu dearbha cha robh 'n fhairge ciùin
'S an uair a sheall mi air mo chùrs'
Gun robh mo chùlaibh ris a' Bheinn.

Cha robh mi ach 'nam bhalachan òg
'Nuair a chaidh mi mo cheud bhòids'
'S gann gun aithnichinn gu dé'n ròp
A bu chòir dhomh bhith 'nam làimh.

'S ann tha mis' an seo an dràsda
Sasunnaich a bhith nam nàbachd
Muintir nach tuigeadh an cànain
Chuir mo mhathair 'na mo cheann.

Ma bhios mise fada beò
Theid mi dhachaidh air do thòir
'S cuiridh mi fainne de'n òr
Air gach meòir tha air do làimh.

*Malcolm Macaulay (Calum Sgàire) Bernera, Uig, mid 19th
century. Left Lewis on an emigrant vessel that called at Tolsta
Chaolais in 1851, and did not return to Lewis.*

Gruagach Bhàn a' Mhìn-fhuilt

Gruagach bhàn a' mhìn-fhuilt mar shìtheanan a' fàs,
Gruagach bhàn a' mhìn-fhuilt mar shìtheanan fo bhlàth;
Gruagach bhàn a' mhìn-fhuilt dha'n tug mi fhìn mo ghràdh,
Tha cian bho bha mi strì riut, 's mo chridhe dhuit cho blàth.

Thòisich gaol na h-òigh' orm 'nuair bha mi òg 's mi triall;
An té bha dùil nach fhàgadh mi 's ann dh'fhàs i coma dhiom;
'Se sin dh'fhàg m'inntinn brònach 's mi sileadh dheòir gu dian;
Tha 'n gaol thug mi do'n chailin ud air beantainn ri mo chiall.

A riamh bho fhuair mi èolas ort bu bhòidheach leam do shnuadh
Cha chuirinn làmh an cosnadh nach ann ort a bhiodh mo smuain
Bhiodh toileachas air m'aigne ri faicinn mais' do ghruaidh
Is òg a chuir mi sùil annad ged thug thu ghaoil dhomh fuath.

A ghaoil bu mhùirneach agam thu 'nuair bhiodh tu bruidhinn rium
Bu chridheil thu, bu chàirdeil thu, bu bhàigheil thu 's an àm;
An uair mu dheireadh luaidh mi riut 's a fhuair mi blas do chainnt,
Thuig mi bho do bhrìodal gu robh do ghaol air chall.

Cha tog ceòl na pìoba mi is cha dean nì dhomh stàth
Lighich cha toir ìochslaint dhomh, ni mò ni m' chridhe slàn;
Ach 'se a thogadh m'inntinn 's a dh'ùraicheadh mo chàil
Bhi sìnte ris a' mhaighdean dha'n tug mi bonn mo ghràidh

Cha chreid mi fhìn gun ainmich ni dé 's ainm do bean mo ghràidh
Mur a fhiach i moladh dhomh ni motha ni mi càin';
Cha dèan e stàth no nì dhomh a dhol a dh'inns' do chàch,
Ach gruagach bhàn a' mhìn-fhuilt a ghoid mo chridh 's mo ghràdh.

*Murdo Macleod (Murchadh Choinnich an Iaruinn) Bragar. Killed in First
World War.*

Gruagach dhonn Bhrunail

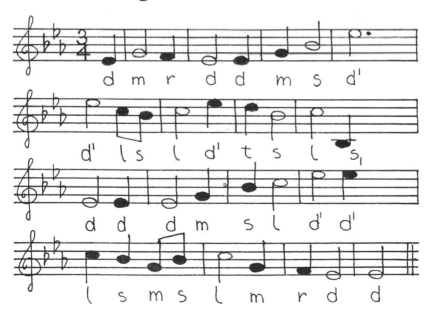

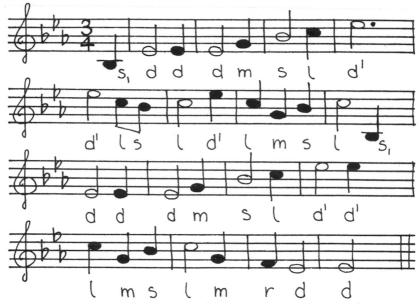

A' ghruagach dhonn dha'n tug mi gràdh
Shìos am Brunal tha i tàmh,
'S a cheart cho luath 's chaidh mi gu sàl
'S ann dh'fhuaraich gràidh na cailin dhomh.

Bheil cuimhn' agad nuair bha sinn òg,
Nuair a chadh mi ort an tòir?
B'e do bhriathran 's tu toirt bòid
Nach biodh tu pòsd ach agam-sa.

Nam biodh agam riochd nan eun
'S mi gun siùbhladh astar sgiath,
'S thogainn cùrs' air an taobh siar
Far 'm bu mhiann leam laighe leat.

Cha do laigh e air mo smaoin
Gun tigeadh dórainn 'n cois a' ghaoil
Ach 's iomadh meur a th'anns a' chraoibh
Nach fhaic na saoir gu'n gearrar i.

Mìle beannachd leat, a ghràidh,
'M fear a gheibh thu gheibh e slàint;
Bidh mis an seo 'gad chaoidh gu bràth,
'S tu chum mo thàmh 's mo chadal bhuam.

Donald John Macdonald (Dòmhnull Iain Chalum Nèill) Garenin.

182

Tha thid' agam fhìn . . .

Tha thìd' agam fhìn a bhith falbh dhachaidh dìreach
Tha thìd' agam fhìn falbh ann;
Tha thìd agam fhìn a bhith falbh dhachaidh dìreach
A dh'ionnsuidh na tìr as na dh'fhalbh mi.

Tha i dubh ach fìnealt mar mhaigdeannan a' Bhìobuill,
'Se Eilean an Fhraoich tha mar ainm oirr';
Cha chluinn mi mort air sràid ann, no fear aig bean a nàbaidh
Tha 'n sonas ud 's an àit' as na dh'fhalbh mi.

Mur 'eil mèinnean tìr innt', tha sonas agus sìth innt'
Is toilicht' tha gach aon ac' le 'n crannchur;
Caidlidh iad sèimh innt' gun eagal an co-chreutair,
'S chan eil glas no géibheann air ionmhas.

Fàg i 'nad òige, 's cuir cuairt air an Roinn-Eòrpa
Tuiteadh mèinnean òir ann an sealbh ort,
Innis le do dheòin dhomh nach e so do dhòchas
Gu'n caith thu crìoch do lò far na dh'fhalbh thu.

Ma théid mo latha shìneadh 's gu faigh mi chun an t-Sheila,
Ruigidh mi le tìm Cnoc na h-Aona Chloich,
'S nì mi bothan beag dhomh fhìn ann an raimhreachd na tìre,
'S cha tig na cìs-mhaoir thogail m' airgid.

Chi mi na glinn chun a' chuain 's iad 'nan deann
Far am faicte 'm bradan crom-ghob 's a' mheanbh-bhreac;
Chi mi na seòid bhiodh a' plumail anns na lòin leam,
Nuair bu ghann an còt' air mo mhanachan.

Ach 's ann a bhios mi aoibhneach an uair a gheibh mi 'm peinsean
A' ruideil mu'n teintean mar bhalachan,
Ag amharc air gach ighneig ach co 'n te as siobhalt'
'S cha sheall mi ris an t-sean te ach cearbach.

*John Macleod (Iain Thormod Bhig) Shawbost 1855-1938. Booklet of his
poems was published by the Lewis Society of Glasgow shortly after his
death.*

Tha thid' agam fhìn . . . (Bernera version)

Tha thìd' agam fhìn a bhith falbh dhachaidh dìreach,
Tha thìd' agam fhìn a bhith falbh ann,
Is faighinn air mo chùlthaobh na srathan is na frìthean
Mu'n tig an t-uisge mìn gu bhith garbh dhomh.

Tha thìd' agam fhìn a bhith falbh dhachaidh dìreach,
Troimh mhonadh agus fhraoch agus gharbhlaich,
Gus an tig mi chun a' chaolais 's am faigh mi eathar aotram
A bheir mi mar a' ghaoth gu mo charabhaidh.

Tha thid' agam fhìn a bhith falbh dhachaidh dìreach
'S am feasgar air sìneadh gu anmoch;
Tha coibhneas aig an ìghneig a riaraicheas mo chìocras
Nuair thig mi chun na tìr as na dh'fhalbh mi.

An Caióra

Nuair a chaidh sinn uil' air bòrd innt'
Cha do chòrd i idir ruinn:
Cha robh cùisean idir dòigheil
Oir bha 'm bòsun air an dram;
Thug an sgiobair dhuinn an t-òrdugh
Leigeil as gach ròp is ball
'S thainig Pilot steach air bòrd innt
'S rinn i seòladh sìos an Clyde.

Nuair a sheòl i mach á Glaschu
Air Di- Sathuirn gu math tràth
Chuir i cùrs air fearann Shasuinn
'S leig sinn soraidh le gach àit;
Leig sinn soraidh le na h-eòlaich
Bha gu brònach crathadh làmh
'S ged bu duilich b'eudar seòladh
'S an Caiora dol gu sàl.

Bha MacAsgaill innt' á Gabhsunn
 'S feadh na h-oidhche 'se cho dorch
E ri mionnan dhan a' chombaist
'S dha'n an roinn air robh i falbh;
Bha muir gorm aice mu gualainn
'S e toirt fuaim oirre bha garbh
'S nuair a chaidh e chun na cuibhle
Stiùir e cuinnlean dhan an stoirm.

Bha deagh chargaibh anns na tuill' aic'
Nam b'ann leam a bhiodh e 'n dràsd!
Bha an t-uisge beath' 's an leann ann
Air an cunntadh stuth a b'fheàrr;
Nam biodh e agam ann an Gabhsunn
Gus a roinn a mach am pàirt
Cha bhiodh duine 'n eilean Leódhais
Nach biodh sunndach aig 'Dewar'.

O 'se thusa, fhaoileag bhòidheach
Tha ri seòladh os mo chionn,
Ma thadhalas tu dùthaich m' eòlais,
'Se sin Steòrnabhagh an Leódhas,
Innis dhaibh gu bheil an Caiora
Seòladh aotrom bàrr nan tonn,
'S i ri dèanamh cùrsa dìreach
Air na tìrean fada thall.

Murdo Morrison (Murchadh Beag) Habost, Ness, died 1932.

Cuairt an tìr chéin

Sheòl mi'n uiridh òr 'gam fhuran
Sheòl mi'n uiridh cuan an t-sàile;
Seòladh do na Stàitean Aonaicht'
Bho mo dhaoin' o thìr nan àrd-bheann.

Siubhal air long mhór a' chuain,
Le stuadhaibh guail bho pìoban àrda,
Sud an lebhiatan luath
Aig treabhadh nan tonn uaine fàgail.

'S iomadh fear is té bha tùrsach,
Cuir an cùlaibh ris an àite;
Leigeil soiridh leis an dùthaich,
Nuair thòisich a roth-cùil a' bàireadh.

Nuair a dh'fhàg i fearann Eirinn,
Dùd ag éigheach ruinn gu'n sheòl i;
Thog i oirr' do'n àirde 'n Iar,
Le mìle 's ciad againn air bòrd oirr'.

Ach nuair ràinig sinn a null
Gu tìr Cholumbuis 'n àm an àitich;
Ghiùlan carbadan na smùid
Sinn suas an dùthaich feadh an àite.

187

A' siubhal tro' mhonaidhean gruamach,
Coilltibh buan a ghiuthas bàn ann
Chan fhaicinn fearann na aonaich
Aig barraibh nan craobh le'n àirde.

Ach théid mise dhùthaich m'òige,
Far an seòlainn dlùth an làrag,
Far a bheil a' chuideachd shùnndach
Dh'fhàisgeadh trom air a ràmh-bràghad.

Cha b'e idir dìth mo chodach,
A chuir mi le m'phoc air imrich;
"Ach nach fhuiling seangan socair
'S toiseach aig air a dhol iomrall".

*Peter Campbell (Pàdruig Thormoid Chaluim) Bragar 1874-1943. Stone-
mason to trade, he won the Bardic Crown at the National Mod, Inverness,
1928.*

Ar baile

s s s l s m   d d d r d r

m r d   d d m   s   s m

s s s l s m   d d d r d l₁

s₁ l₁ d   r m r   d   d

Seisd   Fàilt air an dùthaich, is fàilt air a' bhaile
Is failt air an dachaidh a dh'fhàg sinn;
Ged bhiodh i gun chabar, 's an nead air a creachadh,
Nach binn guth an eòin far na dh'fhàs e.

188

Tha bannan ann fhathast gu làidir 'gar tarraing,
Na's lùthmhoir' na stòras is saoibhreas,
Na's dlùithe 'gar teannadh na slabhraidhean daingeann
'S ar n-aigne gu léir ann an dàimh riuth'.

Air cho fada's gun triall sinn thar chuantan is chrìochan
Cha téid diochuimhn' air toiseach ar làithean,
'S nach mór an toil-inntinn bhith tilleadh a dh'ionnsaidh
Na muinntir bha dlùth dhuinn 'nar pàisdean.

Fuaim ceòlmhor na mara ri flodraich 's a' chladach
Fàileadh cùbhraidh an fhraoich is na mòna
Crodh is caoraich a' bhaile air feur Linnteagarraidh
A' lìonadh ar broillich le sòlas.

Mrs Christina Macdonald, Ness and Bayble.

Isein bhòidhich (Smuaintean Saighdeir an deidh Blàr Mhons)

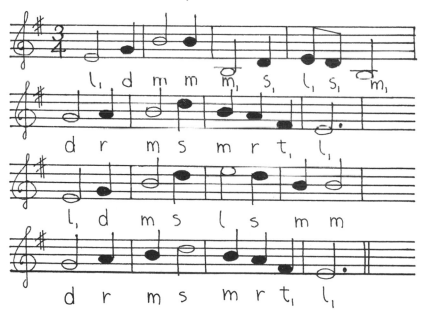

Chaidh ar giùlain ann an carbaid
Mach tre ghleanntan gorm' an fhraoich
Chuir sinn cùl ri fearann Alba,
Aghaidh air a' bhlàr 's an raon.

189

Cha robh 'n oidhearp thug sinn suarach
Ach a' bhuannachd bha i faoin;
Dh'aom na naimhdean air ar beulaibh
Mar shruth-lìonaidh anns a' chaol.

'S iomadh caraid ciatach, snasail,
Dlùth air m'aigne 's air mo chrìdh'
Chunnaic mi 's a dhruim ri talamh
'S nach dèan carachadh an tìm.

'Nuair a philleas grian an t-samhraidh
Bidh na h-eòin air bhàrr nan craobh;
Bidh na tulaich bheag' cho uaine
Far bheil leabaidh fhuar nan laoch.

Isein bhòidhich tha ri siubhal
Null gu d' nead an tìr an fhraoich
Ma thadhlas tu an Eilean Leódhais
Thoir mo shoraidh gu mo ghaol.

Thoir mo shoraidh gu mo mhàthair
'S gu mo chàirdean bàigheil ciùin;
Innis dhaibh gu bheil mo smaoin orr'
'S m'aghaidh air a' bhlàr 's an raon.

'S truagh nach b'urrainn mi leat amharc
Null tre mhonaidhean 's tre chaoil
Dh'fhaicinn sealladh air Gleann Ghrabhair
Far na dhealaich mi ri m' ghaol.

Donald Macphail (Dòmhnull Choinnich) Gravir.

*Although this is a song of the First World war, the author, being an
invalid, was not himself on active service. In an introductory note
accompanying a hand-written copy of the song, he explained that he wished
the song to represent the thoughts of every soldier fighting far from home.
He was sure that even in the heat of battle the soldier's thoughts turned to
his home and his loved ones. The whole song runs to 22 verses.*

Tràigh Shanndaidh

Air do thràigh ghil is àillidh 's an àileadh tha chlann
Iad ri rùrach gu sùrdail 's na dùin mu do bhràigh,
Tha cho ùrail 's cho clùthmhor air thiùrradh cho grinn
Aig na tuinn tha 'cur loinn air do thràigh.
Ged is aoibhneas e dhuinne
A bhith cluinntinn na cloinne
A tha cruinn air a' ghainneamh
Mu do thraigh,
Tha ar n-inntinn 's ar cuimhne cho fillt' anns na tuinn
Is a chaoidh bidh guth caoidh dhuinn mu d'thràigh.

Tha na h-eòin ann gu siùbhlach a' siùdadh 's a' ghaoith
Tha a' churracag 's an guilbneach le sùrd orr' gach tràth;
Tha an fhaoilinn 's an sùlair a' faotainn an roinn
'S na mór-thuinn tha cur loinn air do thràigh
Eadar Cunndail is Cumhail
Tha na h-eòin ud ri siubhal
Tha an glaodh is an guileag
Mar a bha —
Nuair a bhàthadh 's an ànradh na sàir is na suinn*
Is a chaoidh bidh guth caoidh mu do thràigh.

'Nuair tha ghrian anns a' chiaradh an iar os do chionn,
'S a tha fiamh ort cho ciatach is lìomhaidh gu fàir',
Tha an sgiamh toirt na sgiala as cianaile th'ann
Air na tuinn tha cur loinn air do thràigh.
Ged is àlainn do chumadh
'Se is dàn dhuit a' chumha,
Chaidh na sàir ud am mugha
Mu do thràigh,
Tha guth cianail is tiamhaidh a' sgiathadh o d'thuinn —
Is a chaoidh bidh guth caoidh mu do thràigh.

*Bathadh mór Nis.

Donald Mackenzie (Dolly a' Bhòdaich) Shader, Point. Begin his teaching career in Bayble School in 1931, moved to headmastership of Kershader and later to Lionel, where he died in 1970.

Càrlabhagh

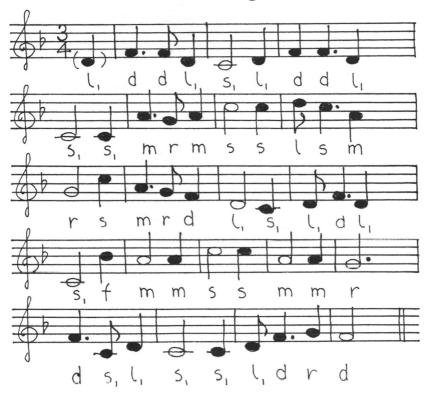

Tha ceòl air mo bhilean 's mo chridhe ri leum
Lùiginn gun cluinneadh an saoghal mo sgeul;
Tha 'm fòrladh seo agam 's mo chead agam fhéin
'S mi gabhail mo cheum gu Càrlabhagh.

Aite mo ghaoil, tha mise dol ann.

Mur a b'e 'n cuan 's nach urrainn dhomh shnàmh
Cha leigeadh mo shubhachas dhomh bhith 'n am thàmh
Bhithinn ri siubhal 's mo chas air a bàrr,
Thar monadh is sàl gu Càrlabhagh.

Aite mo ghaoil, tha mise dol ann.

Canaidh tu rium, "A bheil thu 'nad chéill?
Tha àitichean eile nas maisich' fo 'n ghréin;
Ma thug thu do chridhe dha uile gu léir,
Carson a réist a dh'fhàg thu e?"

193

Aite mo ghaoil, that mise dol ann.

Cha b' urrainn an dachaidh ar cumail le chéil'
'S e 'n gille bu shine bu dlighiche greim,
Bha saoghal agams', na dùthchannan céin,
Ach dh'fhàg mi mo spéis aig Càrlabhagh.

Aite mo ghaoil, tha mise dol ann.

An dùil a bheil fhathast far n' thog sinn an càrn
Ri taobh nid na starraig' na clachan an àird?
An dùil a bheil fhathast am maide le m'ainm,
Cuimhneachan orms' an Càrlabhagh?

Aite mo ghaoil, tha mise dol ann.

An eathar aig Calum am faic mi a clàir
An seòl mi innt' fhathast bho chladach mo ghràidh,
Ri farum nan cnag agus tarruing nan ràmh,
Sgoil-mhara na h-òig' an Càrlabhagh?

Aite mo ghaoil, tha mise dol ann.

Greas ort is dèan cabhaig, a charabaid na smùid,
Tha 'm fòrladh seo agam 's gach mionaid gun phrìs;
Bidh sòlas 'gam ruighinn 'nuair theannas mi dlùth,
Tha òigh mo rùin an Càrlabhagh.

Aite mo ghaoil, tha mise dol ann.

Robert M Macleod (Rob Calum), Garenin.
A builder to trade, he was a teacher of Technical Subjects in Shawbost
and Breasclete for several years till his death in 1967.

194

Leódhas mo ghaoil

Air eilean mo ghaoil is caomh leam tric a bhith seinn,
'S a' luaidh air a chliù tha dlùth dhomh latha 's a dh'oidhch'.
'S ann ort a tha m'ùidh, mo mhùirn 's mo chiatamh a chaoidh,
'S 'nuair théid mi dha'n ùir b'e mo dhùrachd laighe 'nad ghlinn.

Ged shiubhail mi bhuat thar chuantan fad' agus cian,
Is tric ort mo smuain, 's b'e gluasad thugad mo mhiann.
Cha tachair rium àit' gu bràth cho fallain 's cho fial
Ri Leódhas mo ghaoil, an fhraoich, nan gleannan 's nan sliabh.

Is tric mi 'n am smuain toirt cuairt air eilean mo ghràidh,
Le cuimhn' air gach caochladh dh'fhaodas tighinn air àit';
Tha mo dhàimh riut cho buan 's nach fuasgail nì ach am bàs,
Théid mi thugad air chuairt 'nuair 's cruaidhe bhitheas mo chàs.

Nis beannachd gu bràth do'n 'ait' 's na thogadh mi òg,
Mur faic mi thu chaoidh bidh mo chuimhn' ort fhads bhios mi beò,
Bha beagan de thìde phrìseil agam 'nad chòir
Nach cuir mi air chùl, gus an duinear tharam na fòid.

'S a nise le tùrs co-dhùinidh mise mo cheòl,
Bho 'n dhealaich mi bhuat 's nach dual gu'n coinnich na's mò.
Gus an togar sinn suas o'n uaigh 'n uair bhristeas an lò
'S an éirich an sluagh fo bhruaich a chaidil gun deò.

Rev George L Murray (Seòras Dhomhnuill Sheoc) Dell, Ness. Emigrated to Canada after the First World War. Later served twenty years with the Boston United Presbyterian Church. Died 1956.

Deireadh leave, 1940

O, Leódhais mo ghràidh, dèan innse dhomh 'n dràsd'
An àm dhomh bhith fàgail do ghlinn,
'N téid mi thairis air sàl 'n dùil tilleadh gu bràth
No an slàn le mo Thàbost a chaoidh?

Am faic mise tuilleadh a' ghrian ri dol sìos
'N Taobh Siar de dh'Eilean mo ghraidh?
No'n cluinn mi na buillean bhios tonnan a' chuain
A' bualadh bith-bhuan air a thràigh?

Cha b'fhada bha'n t-seachdain dol seachad an Leódh's
An comunn nan eòlaich 's luchd-gaoil,
Chan fhaod mise fuireachd ged 's duilich an dràsd'
Dhomh fàgail Eilean an Fhraoich.

'S na balaich a dh'fhàs 's a' bhaile-s' leam 'n àird
'N diugh'n sàs air muir agus tìr
An nàmhaid gun truas — ach gheibh sinn a' bhuaidh,
Ged 's goirt agus cruaidh oirnn a' phrìs.

Gach cnoc agus beann, gach sruthan is allt,
Gach gleann tha'n eilean mo ghaoil,
Ma's nì e nach till, 's nach bi mise leibh,
O, 's math bhios mo chuimhn' air gach aon.

Malcolm Maclean (Calum Beag Chalum Iain Aonghais) Habost, Ness.

Tom an t-searraich

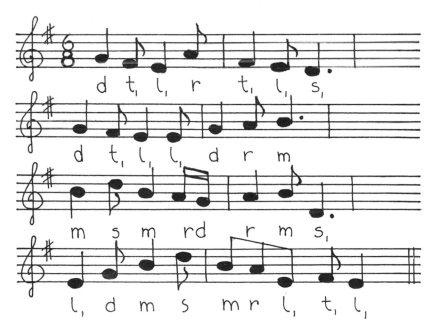

Bha mi 'n tòir air tìr nam beann,
'S iomadh sòlas fhuair mi ann;
'Nuair bha mi air fòrladh thall
Chaidh mi dh'ionnsaidh Tom an t-searraich.

Fhuair mi àirigh gheal mo ghràidh,
Caoraich laigh innte le'n àl;
Chagailt a bha caomh is blàth
Bha i bàn fo fheur is bharran.

Tulach tiamhaidh cianail fàs,
An balla crìonadh sìos gu làr;
Cha robh sgiamh air gnìomh nan làmh,
Bha gach àrd-dorus ri talamh.

Cha robh bainne fuar no blàth,
Cha robh uachdar, cha robh càis,
Am bliochd air triall is blian 'na àit'
Anns an àirigh 's an robh 'm pailteas.

Bha na sléibhtean air gach làimh
'G éigheach "Cuige thréig thu sinn?
B' eutrom laigheadh oirnn do bhuinn,
Ruith 's a' leum nan tonn 'nad bhalach."

Ach 's e mo mhiann aig crìoch mo là
Cadal sios le mo cheud ghrádh
Ann an Lìonagaidh* ri tàmh,
Leabaidh bhàn ri sàil na mara.

*Churchyard in author's native village. Author now buried there.

Roderick Smith (Ruaraidh Aonghais a' Chaiptein) Bragar. Made a
successful career with Glasgow Police Force, finishing with rank of
Inspector. Died Glasgow 1954, aged 59, and was buried in Bragar. See
reference in last verse of song.

Saoil an till mi chaoidh

Saoil an till mi chaoidh dha na glinn 'san robh mi òg,
Far 'm bu chridheil aoibhneach sinn gun uallach inntinn oirnn;
A' buachailleachd crodh-laoigh agus gamhna mar bu nòs,
An till mise chaoidh dha na glinn 's an robh mi òg?

'S minig mi a' beachdachadh air na h-achaibh 's iad fo phòr,
Fraoch gu bàrr nam beannaibh is na machraichean fo ròs;
Eathraichean ag iasgach is cuid sgiamhach ruith fo sheòl,
'S a' ghrian ri dol sìos taobh an Iar Loch-a-Ròg.

199

Cha dèan mise dìochuimhn' air feasgar fèathach reòit'
An eala bhàn 'na sgiamha ri sgiathalaich 'san òs;
A' ghealach cho ion-mhiannaichte ri riaghladh anns na neòil,
Is fuaim Tràigh Uig is Shanndaig — O, b'annsa leam an ceòl.

Ged a ruiginn crìochan air fad 's air leud nan stàit'
M' aigne-sa bidh 'g iarraidh do'n àit 's an dèanainn tàmh
Far bheil na beanntan fianaich 's an sliabh fo chaoraich bhlàr,
'S far an cluinn thu 'n Cuan-a-Siar tighinn gu h-iarganach gu tràigh.

Ged is fhada thall tha mi 's gun ghanntachd air mo stòr,
Tha mo dhùrachd-sa measg ghleanntan is bheanntan Eilean Leòdhais,
Ach tha sùil agam bhith ann roimh fheasgar fann mo lò,
Is lùiginn a bhith adhlaichte aig Ceann Tràigh Dhaile Móir.

Mo bheannachd leis gach mathair tha 's na làithean so ri bròn
Airson dealachadh ri pàisdean, is pàirt nach tachair beò;
'S eagal leam gum fàsaichear àit' mo ghràidh rinn m'àrach òg:
Na dh'fhàg am Metagàma ac' tha 'm Marloch leò fo sheòl.

Malcolm Macleod (Calum Fox) Garenin.
This song was composed in Detroit, USA, about 1925. Author returned home in ill health about 1927, died in 1930, and is buried in Dalmore, as he had wished.

Loch an Dùin

Tha guth anns a' ghaoith a' seinn gach mionaid 'nam chluais,
Tha reultan na h-oidhch' gu binn rium a' sanais o shuas;
Tha crònan an uillt agus ceòl anns na coiltean mu'n cuairt,
Toirt geallaidh gu'n till mi cinnteach fhathast gu tuath.

'Sann an cois Loch an Dùin a chunnaic mo shùilean an là,
Druim-Oidealair dlùth 's Allt Dìobadal lùbadh mu shàil;
Cnoc h-Ealair ri m' thaobh 'san sealladh a chì thu bho bàrr
Thar muir agus tìr chan iarradh tu chaochladh gu bràth.

Tha sìnnsribh mo rùin a bha tric air an glùin air mo sgàth
Co-shìnt' anns an ùir 's iad tuinte ri tuinne na tragh'd;
Stuaidh uain a' Chuain-Sgìth gun chadal, gun sgìos, no gun tàmh
'G ar fair' air gach taobh le nuallan nach dìobair gu bràth.

Maraichean gleusd' a' reubadh troimh dhoinninn gun sgàth,
Troimh dhuibhre na Dùbhlachd, troimh dhùmhlas, troimh chathadh,
troimh chàir,
Dhèanadh loingeis a stiùireadh 's muir-cùil 'gan agairt le bàs,
'S an sùil air na neòil ri reul dhèanadh iùil dhoibh gu tràigh.

'S Eilean beag Leódhais sìor àite-còmhnuidh nan sonn
Is maighdeannan stòlda nas bòidhch' cha do choisich air fonn;
Am brìodal no'n ceòl, an coimeas no'n seòrs' chan 'eil ann;
Ag éisdeachd ri'n òrain chromadh an smeòrach a ceann.

B' àill leam na spìosraidh, na saoibhreas nan tìrean tha blàth
Na ìbhri nan Innsean na'n sìoda tha'n Sìona ri fàs,
B' àill leam dhomh fhìn na lùchairtean rìghrean an là
'M bothan cloich agus aoil a thog m'athair ri crìch Dhòmhnuill Bhàin.

Bheir tacan de thìm dol troimh'n a' Chuan Sgìth anns an luing
Beinn Bharbhais gu Urnabhaigh, 's Mùirneig gu lag Bràigh na h-Uidh,
An Rudh' air a stiùir-a-bord 's Steòrnabhagh dlùthachadh ruinn,
'San taobh bhios mo shùil, cha chuir mi mo chùl ris a chaoidh.

Ma chuireas an aois mi sìnt' air an leabaidh gun stàth
'Se mo dhùrachd nach bi mi ro fhada bho chrìch Dhòmhnaill Bhàin;
'S nuair dhùineas mo shùil anns an t-suain as nach dùisg i gu bràth,
'S ann an cois Loch an Dùin a lùiginn mo dhùnadh 's na clàir.

*John Campbell (Iain Ruadh Dhòmhnuill Tharmoid), Born Aird, Point,
1873. Was pupil teacher at Aird School before going for teacher training.
Taught at Cromore, Barvas, Moffat and Fraserburgh. Before retiring to
Aberdeen, was for many years headmaster at Hill of Fearn. Died in
Aberdeen, 1949.*

O théid mi fhéin le mo ghaol

Séisd O théid mi fhìn le mo ghaol dha'n an t-searmon
O théid mi fhìn le mo ghaol dha'n an t-searmon
O théid mi fhìn le mo ghaol dha'n an t-searmon
'S chì iad mi falbh le mo Sheònaid.

203

Chaidh mi oidhch' a Radhanais 'us cabhadh-làir ri smùideadh,
Stùr bha bhàrr an rathaid ri dalladh air mo shùilean,
'Nuair a ràinig mis' an dorus 'sann a bha e dùinte,
Sin mar thug mi ùidh dha mo Sheònaid.

O théid mi fhìn le mo ghaol dha'n an éisdeachd
O théid mi fhìn le mo ghaol dha'n an éisdeachd
O théid mi fhìn le mo ghaol dha'n an éisdeachd
'S chan fhada gus an éighear an Ceòs sinn.

'Nuair thig a' chlann-nighean dhachaidh teannar orra
faighneachd
"Co bh'agad ann an Gallaibh 'us an robh e coibhneil"?
Sgiathanach, gille Hearach, Barrach agus Caoidheach,
'Sa h-uile fear an geall air mo Sheònaid.

Tha balaich ann an Crosabost cho fada ri slat-chaoiteig,
'S ged a tha iad spaideil chan eil iad idir 'tidy';
Nan tigeadh fear an rathad dhiubh gun cuirinn car 'na chuinnlean
Mus faigheadh e sgàth-oidhch' bho mo Sheònaid.

Ged nach cuir mi pleitichean no tacaidean no cruidhean,
Dhèanainn-sa fear-tighe dhuit cho math ri mac a' mhuilleir,
Pòsaidh mi mu Shamhainn thu ma ni thu suas d'inntinn,
'S gheibh mi deise ghrinn dha mo Sheònaid.

John Macleod (Seonaidh a' Cheisteir) Leurbost. His later years were spent as a missionary in Eigg, Barra and Skye, where he died in 1898.

Oran Mòr Thorcuill

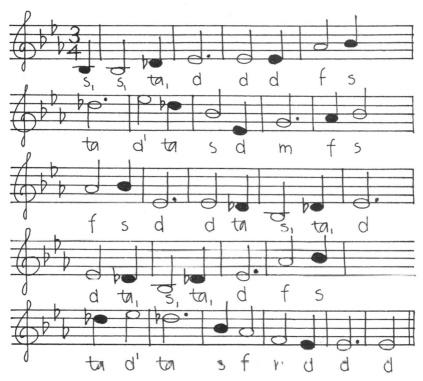

The song 'Oran Mòr Thorcuill' (words only) was among Nandag's songs (mentioned in the Foreword), with no information about the song, beyond the title and the text. Eventually, a very helpful contact managed to trace the identity of Mòr Thorcuill, and was able to get from Mòr's grand-daughter a factual outline of Mòr's life-story, as follows:

Mòr Thorcuill, or Marion Macleod, was born in Laxay in 1846. An early romantic attachment to a local sailor lad having been quashed by disapproving parents, she later married a Mackay from Achmore, and, very much against her will, went to live there. There was one daughter from the marriage, and, at the present time, grand-children and great-grand-children live in Laxay, Keose, Achmore and Stornoway. The account provides a very convincing background story for the song. Mòr Thorcuill died in 1919 or 1920.

Ise: Och mar tha mi'n déidh do shùgraidh;
      'S cianail, tùrsach mi'n déidh do chòmhraidh;
      'Se do ghaol a rinn mise liathadh
      'San gealladh dìomhair a fhuair mi òg ort.

Comhairl' m'athar 's comhairl' mo mhàthar
'S comhairl' mo chàirdean dhomh ged a b'òg mi:
Thug iad ormsa mo chiad ghaol fhàgail
'Sa dhol a thàmhachd a mheadhon mòintich.

'Nuair a dhìreas mi suas an cruadhlach
Chì mi'n cuan air am bheil thu seòladh;
Bidh na deòirean a' ruith bho m' ghruaidhean
'S do ghaol cho buan dhomh 's tha 'n cuan a sheòl thu.

'Nuair a dhìreas mi suas am bealach
'S a chì mi'n tigh 's iad a' togail ceò ann,
'Se mo smaointean a stigh 'nam aonar
Gur iomadh caochladh tha'n gaol na h-òige.

Tha cuibhl' an Fhortain a' cur nan car dhith;
'Sann dhòmhsa thachair sin ged a b'òg mi:
Am fear a b'fheàrr leam a bha 'san àite
An diugh gur gràin leis mi dhol 'na chòmhradh.

Nam biodh tusa mar tha mise
'Sann a dh'fhiosraicheadh tu mo dhóruinn;
'Sann a sgrìobhadh tu thugam litir
Gus nach bitheadh mo chridhe brònach.

Esan: Ged a sgrìobhainn-sa thugad litir
Cha dèan mi idir a cur an òrdugh;
'Sann a labhras sinn beul ri beul —
'Se sin am pàipear nach leugh na h-eòlaich.

Togaidh mise tigh geal ùr dhuit
'S lobhta dhùint' anns nach dìosg do bhrògan;
Bheir mi sin dhuit is crodh is caoraich
'S carson a ghaoil nach do rinn sinn còrdadh?

Ise: Ged a gheibhinn-sa crodh is caoraich
'S tigh geal air aoladh 's air chur an òrdugh,
'S mór gum b'fheàrr leam mo chiad ghaol fhaotainn
Gun chàil 's an t-saoghal ach deise chòrd air.

Chuir iad mise gu Loch an Acha,
'S beag mo thlachd a dhol ann a chòmhnuidh;
Cha chluinn mi iomradh air lìon no bàt' ann,
Cha chluinn mi càil ach an crodh 's na h-òisgean.

Chuala mise gun ghuidh do mhàthair
Laighe bàis dhomh gun chothram còmhraidh;
Cha d'chuir sin 'na mo chridhe fuath dhuit
Cho fad's is buan thu air talamh tròcair.

Esan: Ged a thigeadh triùir 'san t-seachdain
Na toir gealladh do neach tha beò dhiubh;
Innis dhaibh-san gu bheil nas fheàrr leat
Tighinn air sàl air long bhàn nan ròpan.

'Nuair a dh'éireas mi 's a' mhaduinn
'S a chi mi 'n tigh 's sibh a' togail ceò ann,
Bheir mi sùil air an t-sabhal bhàn
Far an tric a thàlaidh mi 'm pàisde bòidheach.

Cuibhl' an Fhortain

Several variants of the song, 'Cuibhl' an Fhortain' exist in the island, and there seems little doubt that they all derive more than just their title from 'Oran Mòr Thorcuill'; but there is nothing new in finding local bards providing their own 'variations on a theme' and doing so quite acceptably. 'Cuibhl' an Fhortain' in its different versions has enjoyed waves of popularity in its own right in recent years. The following is a version* from the West Side:

Tha cuibhl' an fhortain a' cur nan caran
'S mise dh'fhairich sin ged is òg mi;
An té a b'fheàrr leam bha riamh 's an àite
An diugh gur gràin leath' a thig'nn 'nam chòmhradh.

'Nuair a théid mi gu sràid Iamaica
Bidh fear is té air a h-uile còrnair
Ged chithinn searbhant cha dèan mi falbh leath'
Is mi gun lorg air mo charbhaidh bòidheach.

'Nuair a théid mi chun na cuibhle
Meadhon oidhch' is a bhios i reòite
'S mór gum b'fheàrr leam a bhith le pàisde
An leabaidh àrd 'n eilean bàn an eòrna.

Faire, faire, faire shaoghail
'Se do ghaol mar a chaidh e dhòmh-sa
'Se dh'fhàg gun tuar mi is tu cho fuar rium
Ri deighean cruaidh air an lochan reòite.

'Nuair a théid mi dha'n a' Chruadhlach
'S a chì mi'n cuan air an robh mi seòladh
Bidh na deòirean a' ruith bho m' shùilean
Mar shruthan bùirn ann am meadhon mòintich.

Alexander Morrison (Alasdair Chaluim) Brue, a sea-faring man, spent most of his working life at sea. He died in 1951, aged 95 years.

*This version of 'Cuishl' an Fhortain' with the melody on p 205 was given to us by Murdo A. MacLeod, Brue.

ORAIN GAOIL GUN URRAINN

Siud mar chuir mi'n geamhradh tharam

Siud mar chuir mi'n geamhradh tharam,
Smaointinn daonnan gaol mo leannain,
Siud mar chuir mi'n geamhradh tharam.

’S iomadh oidhche fad an t-seusain
A thàna’ tu orm a chéilidh;
’S beag bha dùil ’am as an ré sin
Gur e leannan t-éile bh’agam.
Siud mar chuir mi’n geamhradh tharam.

’S iomadh oidhche fhliuch is reòite
Thàna tusa thar na mòintich,
Null ’s a nall air gàrradh Shòbhail
Tigh’nn a chòmhradh gu mo leabaidh.
Siud mar chuir mi’n geamhradh tharam.

’S iomadh oidhche air bheag eudaich
Chun na being’ a rinn mi éirigh;
Comhairl’ bheirinn-sa air t-éile
Fuireach reusant’ anns an leabaidh.
Siud mar chuir mi’n geamhradh tharam.

’S ann a bha do mhathair leòmach
’G iarraidh ort gun mise phòsadh;
Cha chuir mise dragh ri m’ bheò oirr’
’S rùm gu leòr dhomh an tigh m’athar.
Siud mar chuir mi ’n geamhradh tharam.

O có thogas dhìom an fhadachd?

Fuaim an uisge, fuaim na gaoithe, fuaim a' ghéile tha mi cluinntinn
'S feagal orm 's tu 'na do chuibhleir gu'n toir mac a' Ghoill do char
as'd.
O có thogas dhìom an fhadachd?

O gur mise tha gu brònach cluinntinn fuaim na gaoithe móire
'S feagal orm-sa 's gun thu eòlach gun toir gaoth nan seòl a mach thu.
O có tho gas dhìom an fhadachd?

O gur mise th'air mo leònadh mach is dhachaidh as a' mhòine
Faicinn làraichean do bhrògan, 's nach dèan an tuil mhór am falach.
O cóthogas dhìom an fhadachd?

O gur mise th'air mo léireadh, a ghràidh an cuala tu fhéin e
Thuirt 'ad rium-sa gu'n d'rinn m'eudail m'fhuathachadh is t-éile
leantainn.
O có thogas dhìom an fhadachd?

211

Saoilidh fear ma bhios té àlainn nach 'eil càil aig' ach a tàrsainn
Ach 's ann tha i ri glùin a màthar, 's tòrr dha failligidh' air falach.
O có thogas dhìom an fhadachd?

'S iomadh oidhch' ged bhiodh am bùrn ann ruigeadh tu mi 'ghràidh
'n ad chrùban
'S ged bhiodh m'athair air a ghlùinean dheidh'dh tu dha'n a' chùil air
falach.
O có thogas dhìom an fhadachd?

'Se mo cheist an fhìnealt alainn, 'n t-aodann as an robh an deàrrsadh,
Dhèanadh cùl do chinn dhomh sgàthan 'nuair a ghràidh a bha thu
agam.
O có thogas dhìom an fhadachd?

Point version

O có thogas dhìom an fhadachd?

O có thogas dhiom an fhadachd?
As mo dhéidh chan éirich math dhuit.
O có thogas dhìom an fhadachd?

'S iomadh oidhch' anns na h-ochd bliadhna
Ràinig thu mi dh'innse bhreugan;
Fàgaidh mise 'n urra ri Dia thu
Bho'n that 'n t-sìorruidheachd cho fada.
O có thogas dhìom an fhadachd?

'S iomadh oidhche 's na h-ochd seusain
Thàinig thusa orm a chéilidh;
'S beag bha dhùil 'am fad an ré sin
Gur e leannan t-éile bh'agam.
O có thogas dhìom an fhadachd?

Bhiodh do chàirdean ag ràitinn
Nach dèanainn-sa feum no stàth dhuit
Faodaidh iadsan sguir dha m' chàineadh
Far an laigh an gràdh cha charaich.
O có thogas dhìom an fhadachd?

O gur mise tha gu tùrsach
Mach is dhachaidh as a' mhòine
Faicinn lorgan do dhà bhrogan
'S tus' ann an Cromor ri fantainn.
O có thogas dhìom an fhadachd?

Another version — same theme but different chorus

212

Cadal chan faigh mi

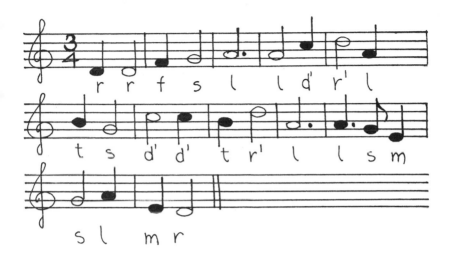

Cadal chan fhaigh mi, sùgradh cha dèan mise,
Nochd chan fhaigh mi'n tàmh, 's gun thu ghràidh a' tighinn.

H-uile h-oidhch' tha mi smaoineachadh gun tig thu
Gu mo leabaidh fhìn, 's aonaranach mise.

Cha b'ann dubh no ruadh a bha bha luaidh mo chridhe,
'S ann a bha e bàn, àilleagan nan gillean.

'S tu bu ghuirme sùil, 's tu bu dùbailt cridhe,
'S tu bu bhinne cainnt, ris na rinn mi bruidhinn.

Chuala mise sgeul a thug deur bho m' chridhe,
Thu bhi falbh a null 's gun do dhùil ri tilleadh.

Sgrìobhadair le peann, leughadair na duilleig,
Maraiche nan tonn, chuireadh long fo h-uidheam.

213

Mo chridhe trom 's duilich leam

Mo chridhe trom 's duilich leam,
Gur muladach a tha mi,
Mo chridhe briste, bruit',
Ach air mo shùil chan aithnich càch sin.
Mo chridhe trom 's duilich leam.

Nuair chunnaic mis' an toiseach thu,
'Nad shuidh' air stoc a' bhàta,
'Se cóig bliadhn' deug a dh'aois bha mi
A ghaoil 'nuair thug mi gràdh dhuit.
Mo chruidhe trom 's duilich leam.

Cuimhnich air do bhòidean rium
An Steòrnabhagh a bha sinn,
'S ann air taobh muigh an Royal
Thug thu bòid dhomh nach do phàigh thu.
Mo chridhe trom 's duilich leam.

214

Cuimhnich air do bhriathran rium
Di-ciadain sìos am Bràighe,
Nach fhaiceadh Dia na daoine
Bean mo chaochlaidh air do ghàirdean.
Mo chridhe trom 's duilich leam.

Ma 'se 's gun tug thu fuath dhomh,
'S a luaidh ma rinn thu m'fhàgail,
Chan fhad gun dèan an sluagh
Anns a' chiste fhuair mo chàradh.
Mo chridhe trom 's duilich leam.

Fill o-ro (Lewis version)

Fill ó-ro, fill ó-ro, fill ó-ro thug éile,
Fill ó-ro, fill ó-ro, fill ó-ro thug éile,
Air fàill éile bhó agus hó-ro hug éile,
Chan fhaigh mi 'n cadal sàmhach, a ghràidh, 's gun thu réidh rium.

216

Chunnaic mise bruadar dh'fhàg suaimhneach a raoir mi:
Bhith faicinn bean mo ghaoil ri mo thaobh fad na h-oidhche;
Nuair thionndaidh mi le sòlas gu pòg thoirt do'n mhaighdinn
'S ann chuimhnich mi gun phòs i, 's e 'm bròn thug 'nam chuimhn' e.

Is truagh nach robh mis' agus tus' far an iarrainn,
Sia là na seachdain, seachd, ochd bliadhna ·
An seòmraichean glaiste le claspaichean iarainn,
Na h-iuchraichean air chall agus dall bhith 'gan iarraidh.

Gruagach Loch-a-Ròg

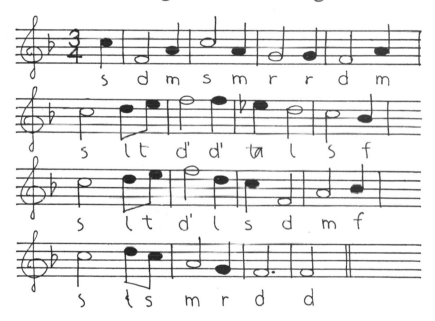

O guidheam slàint' do'n ghruagaich dhonn
Tha suaicheanta 's tha fìnealt,
Chaidh àrach òg taobh Loch-a-Ròg
An Leódhas nam beannntan rìomhach.

Ged shiùbhlainn tìrean céin thar sàil
Gu bràth cha dèan mi dìochuimhn
Air nìonag òg a thàlaidh mi
'S a dh'fhàg mi ghnàth fo iargain.

217

Tha mi fo leòn bho dh'fhàg mi'n òigh,
Gach latha sheòl mi uaigneach;
Tha tonnan liath-ghlas leum air sròin
'S na neòil 's gort-ghaoth tha buaireant'.

O soraidh slàn le Leódhas
Nam beanntan fraoich tha àillidh,
Fad saobhal sealbhach, fallain, bhuam,
Do'n ribhinn shuairc a dh'fhàg mi.

A rìbhinn òg bheil cuimhn' agad?

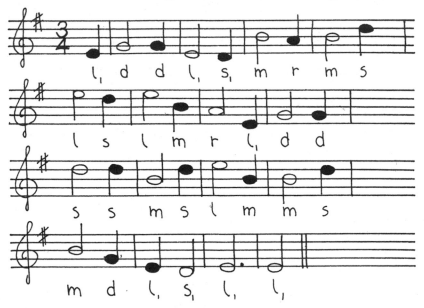

A ribhinn òg bheil cuimhn' agad,
'S a ghruagach dhonn an cluinn thu mi?
A ribhinn òg bheil cuimhn' agad
An oidhche mu'n do sheòl mi?

O 's e blàths na h-oidhche sin,
Cha téid gu bràth á cuimhne dhomh;
'S ann ort a bhios mi cuimhneachadh
Gach oidhche fhliuch is reòite.

Gur fada, fada thall tha mi
'S chan fhaigh mi null a shealltuinn ort,
'S ged dhìrinn bhàrr nan crann aice
Chan fhaic mi beanntan Leódhais.

218

A ghruagach na biodh àmghar ort
Oir 's cinnteach tha mo làmh-sa dhuit;
'S tu a ghràidh as fheàrr leam
Na mo mhàthair dh'àraich òg mi.

Tha mi falbh Di-ciadain uat
'S chan fhaic thu air son bliadhna mi,
'S feuch nach dèan an cianalas
Do liathadh ged is òg thu.

Nuair bhios mi gun chompanach
'S a bhios an oidhche trom orm
Bidh gealach toir 'nam chuimhne
Liuthad oidhche bha sinn còmhla.

Ho-rì ho-ró mo nìonag

Ho-rì ho-ró mo nìonag,
Ho-rì ho-ró mo nìonag,
Ho-rì ho-ró mo nìonag,
Gu dé nì mi mur faigh mi thu?

Nam faicinn air an fhéill thu
An Glaschu no 'n Dùn Eideann
Bu tu mo roghainn céile
Bho éirigh gréin' gu laigheadh i.

219

Nam faicinn air an tràigh thu
'S am muir an déidh do bhàthadh,
Gun togainn bho'n an làn thu
'S chan fhàgainn fo'n an fheamainn thu.

Bha mi uair dha m' shaoghal
'Sa ghaoil gur beag a shaoilinn
Bhith 'm bothan beag nan caorach
'S a' ghaoth ri toirt nan sgrathan dheth.

O rùin gu bheil thu air m'aire

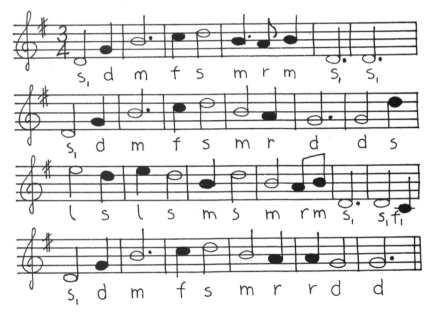

O rùin gu bheil thu air m'aire,
O rùin gu bheil thu air m'aire,
'S tu a rùin tha tighinn dlùth fainear dhomh,
'S gun dh'fhalbh mo shùghradh on dh'fhàg thu 'm baile.

O nach mise tha dubhach brònach
Aig Loch nan Craobh is mo ghaol a' seòladh;
Ach 's buidh' dhi fhéin a ni léine chòmhdach,
'Sa laigheas sàmhach ri tàladh Dhòmhnuill.

220

O a Dhòmhnuill nach gabh thu truas rium,
Faic an dreach tha tighinn air mo ghruaidhean,
Is ma 's e t'éile ni thusa bhuannachd
An t-eòrn' tha abaich chan fhaic mi buaint' e.

O liuthad tacaid a rinn thu chaitheamh
A bh'air am bualadh glé chruaidh 's an leathar,
Aig ceann na cruaich, oidhch' fhuar a' feitheamh
Air sgàth na gruagaich nach d'fhuair 's nach fhaigh thu.

O nan tigeadh tu chon na h-innis,
Thusa fliuch agus mise tioram,
O's mi gu lùbadh tu luib na fillidh,
Is bheirinn pòg dhuit 's mo dheòir a' sileadh.

O nan tigeadh tu chon na buaile
Gheibh'dh tu bainn' a' chruidh gun a thruailleadh,
Is plaide mhìn-geal a chur mu d'uachdair,
'S gun caidlinn fhìn leat air taobh an fhuaraidh.

Thig am bàta, hùg-o

Thig am bàta, hùg-o
Moch a màireach, hùg-o
Bidh m'aithair innte, hì-ri-o-ró
'S mo thriùir bhràithrean, hùg-o.

'S mo cheile donn, hùg-o
Air ràmh bràghad, hùg-o
'S gheibh iad mise, hì-ri-o-ró
Air mo bhàthadh, hùg-o.

221

'S togaidh iad mi, hùg-o
Air na ràmhan, hùg-o
'S mo bhreacan donn, hì-ri-o-ró
Snàmh na fairge, hùg-o.

'S mo chuailean donn, hùg-o
Measg nan carraichean, hùg-o
'S mo bhràist airgid, hì-ri-o-ró
Measg na gainmhich, hùg-o.

Cha b'e 'n t-acras, hùg-o
Chuir do'n tràigh mi, hùg-o
Ach miann an duilisg, hì-ri-o-ró
'S miann nam bàirneach, hùg-o.

Fhir ud thall, hùg-o
Falbh na tràghad, hùg-o
Soraidh bhuam-sa, hì-ri-o-ró
Gu mo mhàthair, hùg-o.

O mo mhallachd, hùg-o
Aig bean iadaich, hùg-o
Dh'fhàg i mise, hì-ri-o-ró
'San sgeir-bhàite, hùg-o

Thig am bàta, hùg-o
Moch a màireach, hùg-o
'S gheibh iad mise, hì-ri-o-ró
Air mo bhàthadh, hùg-o

An crùn luachair

Hi ho-ro 's na hó-o leannain,
Hi ho-ró 's na hó-o leannain,
Hi ho-ro 's na hó-o leannain,
Nach trom an t-eallach an gaol!

Có nì dhòmhsa 'n crùn luachair?
Có ni caoran a bhuain dhomh,
'S mi le m' bhreacan air mo ghuallain
Tighinn bho bhuaile nan croabh?

'Nam éirigh na gealaich,
Am suiridhe nam balach,
Gheibh iad mise gun leannan
An lagan falaich leam fhìn.

Hug o-an-ó, hu-a-ró

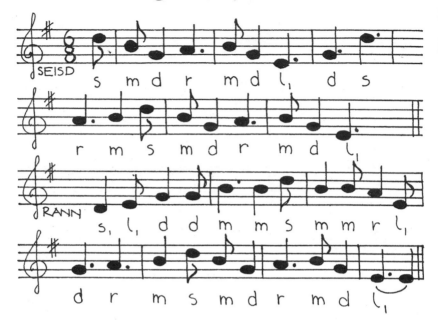

Hug o-an-ó, hu-a-ró
Mo nighean donn bhoidheach
Hug o-an-ó, hu-a-ró.

S dubh a choisich mi'n oidhche
Gu'n a' mhaighdinn bu bhòidhche.

Chaidh mi còrr is naoi mìle
Anns an tìr 's gun mi eòlach.

Nuair a ràinig mi 'm baile
Cha robh dad mar bu chòir dha.

Bha na mnathan ri fuaigheal
'S bha na gruagaichean brònach.

Bha móran luchd guil ann
'S cha robh guth air luchd ceòil ann.

Bha mo ghràdh-sa bu dìleas
'Na sìneadh 's an t-seòmar.

'Na laighe fo'n uinneig
'S cha chluinneadh mo chòmhradh.

'N deoch a thug mi gu banais
Air an talamh chaidh a dòrtadh.

'S fhad's is beò mi air thalamh
Siud mo chuid de'n a' phòsadh.

Nìghneag a' chùil duinn nach fhan thu

Séisd Nìghneag a' chùil duinn nach fhan thu
'S fhios 's an tìr gur mi do leannan.
Nìghneag a' chùil duinn nach fhan thu.

Latha dhomh 's mi air a' mhòintich
Bha na lòin ann ri cur thairis.

Thachair orm a' ghruagach bhòidheach
'S rinn mi còmhradh rith' car tamuill.

Ged bu leabaidh dhuinn an luachair
'S ged bu chluasag dhuinn an canach.

225

Nìghneag a' chùil bhuidhe bhòidhich
Bha mi 'n tòir ort bho chionn fhada.

'S mi cho déidheil air do bhunnachd
'S tha sionnach nam bruach air falach.

'S mi cho deònach air do phòsadh
'S tha laoigh òg air òl a' bhainne.

'S mi cho duilich air son d'fhàgail
Ri laogh ràidh an déidh a spannadh.

Ged tha na h-ìghneagan bòidheach,
Tha iad sìnte, seòlta, carach.

'S ged tha na h-ìghneagan brèagha,
Tha iad briagach, 's mise dh'fhairich.

ORAIN LUAIDH
(WAULKING SONGS)

The luadh songs have always been a breeding-ground for extempore verses, and in some of the following we have an amalgam of verses from different parts of the island.

Càit' na dh'fhàg thu 'n fhichead gini?

Hì lé hù liò, hó ró mo luaidh, mo chruinneag,
Hì lé hù lió.
Dh'fhoighnich té an aodainn bhàin dhiom
Cait' na dh'fhàg mi 'n fhichead gini.

Dh'fhoighnich ise, bhean gun nàire
Càit' na dh'fhàg mi 'n fhichead gini.

Cunntaidh mise dhuit-sa 'n dràsda
Bho'n an fhàrdain chun na sgillinn.

Thug mi gini do'n a' bhàta
Thug mi sàbhailt troimh Chaol Mhuile.

Thug mi gini air an each bhan
A thug mi sàbhailt bho Chaol Muile.

Thug mi gini air an diallaid
Tha air liathadh anns an uinneig.

Thug mi gini air an t-snàthaid
Gus do làmh a chur ri grinneas.

Thug mi gini air a' mhiaran
Gus nach dei'dh do mhiar a mhilleadh.

Thug mi gini air an fhàinne
Gus do làmh a chumail cuimir.

Dh'fhag mi gini air a' bhòrd
Anns an tigh-òsd' an robh mi fuireach.

Paidhir mhiotag 's paidhir dhòrnag
'S cha robh gròt aig Dòmhnull tuilleadh.

Im éile hog-i-ó

Séisd: Im éile hog-i-ó
Hóg-o-bhi 's na hó-ro gheallaidh
Im éile hog-i-ó.

Faighibh dhomhsa leannan tràth.
Im éile hog-i-ó
Hóg-o-bhi 's na hó-ro gheallaidh
Im éile hog-i-ó.

Gheibh mise sin dhuit an dràsd.
Im éile hog-i-ó
Hóg-o-bhi 's na hó-ro gheallaidh
Im éile hog-i-ó.

229

Cuiridh mi Donnchadh ann ad dhàil.
Im éile hog-i-ó
Hóg-o-bhi 's na hó-ro gheallaidh
Im éile hog-i-ó.

Rann fada: Sios e, sios e chùirt an ùraidh
'S a chuid ùirisgean mu cheann
Caiteanach dubh, ceann gun chìreadh,
Cha téid mi gu dìle dha.
Im éile hog-i-ó
Hóg-o-bhi 's na hó-ro gheallaidh
Im éile hog-i-ó.

Faighibh dhòmshsa fear na's fheàrr
Im éile hog-i-ó
Hóg-o-bhi 's na hó-ro gheallaidh
Im éile hog-i-ó.

Cuiridh mi Ruairidh ann ad dhàil.
Im éile hog-i-ó.
Hóg-o-bhi 's na hó-ró gheallaidh
Im éile hog-i-ó

Rann fada: Suas e, suas e, chùirt an airgid
Nighean an rìgh chan fharmad leam
Long mhór nan cóig chrannaibh
'S a siùil gheala 'g éirigh leinn.
Im éile hog-i-ó
Hóg-o-bhi 's na hó-ro gheallaidh
Im éile hog-i-ó

From Mrs Stewart (Laxdale and Point)

Ille bhó

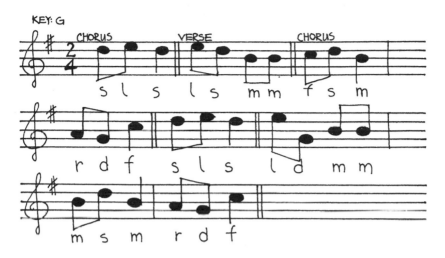

Ille bhó, 's toigh gur toigh leam,
Ille bhó, ro-u seinn,
Ille bhó, 's toigh leam sgoilear,
Ille bhó ro-u seinn.

Ille bhó, 's toigh leam sgoilear,
Ille bhó ro-u seinn,
Ille bhó, chunntadh dolair,
Ille bhó ro-u seinn.

Ille bhó, gu bheil m'athair,
Ille bhó, lorg an fheidh.

Ille bhó, 's gu bheil mo mhàthair,
Ille bhó, leis an spréidh.

Ille bhó, 's gu bheil mo bhràithrean
Ille bhó, 's a' choill réidh.

231

Ille bhó, gearradh fhiodha
Ille bhó, tha mo leannan.

Ille bhó, air an fhéill,
Ille bhó 'nuair a thig e.

Ille bhó, 's geal mo bhréid,
Ille bhó, 's geal an currag.

Ille bhó, bheir e thugam
Ille bhó, 's gorm mo chleoc.

Togaibh fonn an dràsda

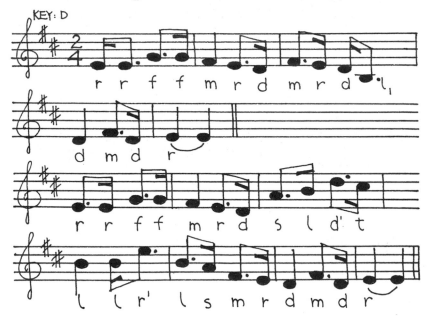

Togaibh fonn an dràsda
'Sna hó-thil-o-u, lou-hó-thil-o
Mhàiri riut a tha mi
'Sna hì-thi-lì-thi-lì-lo-u
Hó-thil-o-u, lou-hó-thil-ó.

Có a nis do ghràdh-sa?
'S aithne dhomh na's àill' leat.

Buachaille nan àrd bheann
Le treud de chaoraich bhàna.

Crodh-laoigh aige air àirigh
Air Tom an Fhianaich àluinn.

Bidh ìm is gruth is bàrr ann
Is mulchag mhór de chàise.

Cha bhi dith buntàt' ort
Na maorach as an tràigh ort.

Use chorus elements as in first verse

Hó-ró mo chuachag

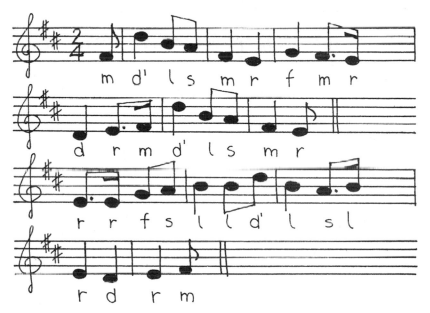

'S na hì liù lé leó,
Hó-ró mo chuachag
'S na hì liù lé leó.

Mi ri buachailleachd chaorach
Nach fhaodar a ruagadh.

'S mi ri buachailleachd sheasgach
Nach tig feasgar gu buaile.

Laighidh mo spréidh anns an fheasgar
'S fàgaidh mise mo bhuaile.

233

Chan fhairich mis' an t-astar fada
Tighinn an coinneamh na gruagaich.

Coinnichidh mis' i anns a' bhealach
'S bheir mi fàilte gun ghruaim dhi.

Suidhidh ise 'na mo bhreacan
'S cha ruig fliuchadh no fuachd oirr'.

'Se bha gòrach do mhàthair
Dèanamh tàir' air a' bhuachaill.

Chorus and verses 1 and 2 traditional. Additional verses by Mrs Angus MacIver, (Leverburgh)

Hó-ró mo chuachag (another version)

'S na hì liù lé leó
Hóró mo chuachag
Na hì liù lé leó.

Gur mi tha trom duilich
Air m'uilinn 's an luachair.

'S mi buachailleachd sheasgach
Nach tig feasgar gu buaile.

Mi ri buachailleachd spréidhe
Nach toir leum as a' bhuaraich.

Chan e cùram an àitich
Tha 'g am fhàgail fo ghruaimean.

Ach eagal mo chuspair
Ma chumas iad 'uam e.

Cha b'fhada bhiodh mo leannan
Tighinn á beannaibh a' Chuailein.

Tha mo theist-s' air a' ghille
Aig 'eil fios air na h-uairean.

Aig 'eil fios air a' mhionaid
Aig an ruigeadh e ghruagach.

Cha b'e uisge lòin-shalaich
Thug mo leannan an cuan leis.

234

Uisge-beatha 'n tigh-stàile
Air a tharruing tri uairean.

Uisge-beatha na Spàinne
Fìon làidir gun truailleadh.

From Jean Maciver, North Shawbost.

Air fà lì leó

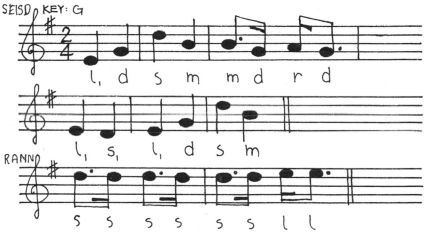

Séisd: Air fà lì leó
         Hó-ro ghealladh éile,
         Air fà lì leó.

Rann: 'S mise tha gu muladach
          A h-uile té a' pòsadh
          Mise so gun phòsadh fhathasd
          Seann duine cha ghabh mi idir
          Bithidh e fada 'g éirigh
          Fada dol 'na éideadh
          Cha téid e mach gun am bata
          Cha tig e steach gun an casda
          Saoilidh e gur grian a' ghealach
          Saoilidh e gur luchain lachain
          Saoilidh e gur caoraich clachan
          Saoilidh e gur geòidh na cearcan
          Saoilidh e gur siùcar sneachda
          Saoilidh e gur làir an searrach
          Saoilidh e gur cuan am monadh
          B' annsa balach sgiobalta
          Leagadh mi 's a thogadh mi
          Bheireadh mi a' feithe

from Mrs Finlayson (Stornoway)
*1 — line verses all through

235

Latha dhomh 's mi 's a' bhuaile

Latha dhomh 's mi 's a' bhuaile
Na chó-ril-o- horó chó-ril-ó
Latha dhomh 's mi 's a' bhuaile
Na hi-ri-ri-ri-ri hai chó ril-o-horó, chó-ril-ó.

Chunnaic mi tighinn an comhlan
Na chó-ril -o- horó chó-ril-ó
Chunnaic mi tighinn an comhlan
Na hi-ri-ri-ri-ri hai chó ril- o-horó, chó-ril-ó.

236

*Dh' aithnich mi nach robh mo luaidh ann
Coltas Ailein, samhladh Ruairidh.
'S iad ri dèanamh air bial na h-uamhadh.
Mo thriùr bhraithrean fhéin 'na suain innt.
Rùisg iad riù na sginean fuara.
Leig iad fuil an cuim m'an guaillean.
Och gur mise tha truagh dheth.
Ceangal lotan's g' am fuasgladh.
Togail bùirn á grunnd an fhuarain.
'Se mo bhasan dhomh bu chuachan.

from Mrs Stewart (Laxdale)

*Sing each line twice using the chorus elements as in v's 1 & 2

Cha b'e 'n uiseag

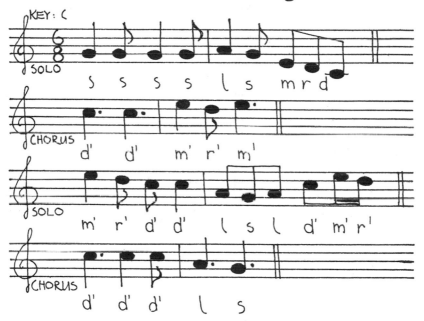

Cha b'e 'n uiseag a dhùisg mise.
Hi liù hì liù,
Cha b'e 'n uiseag a dhùisg mise,
Hi liu-an is hó ró.

Na coileach beag mac na circe,
Hi liù hì liù,
Na coileach beag mac na circe,
Hi liu-an is hó ró.

*Dh'fhalbh mi null gu gleann nan geugan

Fhuair mi ghruagach dhonn gun éirigh

'S phaisg mi luib mo bhreacan fhéin i

Cheangail mi falt ris na geugan

'Se mo leannan-s' mac fear Baile

Aig a bheil na caoraich gheala

Aig a bheil crodh laoigh 'sna beannaibh

Thug iad ormsa leum a' ghàrraidh

'S mi ri leum an ceum a b'àirde

Cha b'e nial na gaoithe céitein

Bhiodh air mo leannan-sa aig éirigh.

Beul an latha 's dreach na gréine

M' eudail fear-siubhail a' chrualaich.

from Annie Mackenzie (Aird)

*Sing each line twice, using the chorus elements as in v's 1 & 2